「チベット問題」を読み解く

大井　功

SHODENSHA
SHINSHO

祥伝社新書

まえがき――「チベット問題」は、日本の問題でもある

2008年3月14日のラサでの騒乱発生後、日本でのチベット報道に火がついた。新聞はもちろん、テレビのワイドショーまでもが、チベット問題をトップで取り上げたというのは、おそらく空前のことだろう。

表現や取り上げ方に多少疑問を感じるところがあるにせよ、日本のお茶の間にまで、「チベット問題」が知られるに至ったという点では、画期的な事態であったと思う。

しかし、連日の報道にもかかわらず、

「そもそも、『チベット問題』が、よくわからない」

「この問題がいつ、どうして起きたのか？　その発端からしてよくわからない」

というような声をこの2カ月間、頻繁《ひんぱん》に耳にした。

さらに、報道が北京五輪の聖火リレー騒動へと替わったあたりから、かえって、「チベット問題」そのものがわからなくなった、という人が周囲に増えた。

私は本来、この疑問に大見得切ってお答えする専門家ではないのだが、今回の「騒ぎ」が

始まる1カ月ほど前に、インドのダラムサラにあるチベット亡命政府を訪問したということもあって、周囲の人たちから質問攻めにされたのだ。

挙句、きっと世間には、同じように「基本のキ」の疑問が解消せず、スッキリしない人も多いのではないかと思い、わかりやすさという点を重視してこの原稿を書くことにした。

チベット問題は、もはや発生から半世紀以上の歴史をもつ問題であり、それだけに複雑な問題でもある。

民族、宗教、人権、領土、経済格差、環境、と、現在の地球上で想定されるありとあらゆる問題の要素をすべて含むといえるほど多重かつ複合的な問題である。ささっと理解しようなどというのは、当事者の皆さんに失礼なことかもしれない。

さらに、チベット問題は、単に理性的な理解だけに努めても十分とはいえない問題だ。抑圧されている人々の苦しみを共感する、という心情的な理解、想像力を要する。

チベット問題を知り、考えることは、私たち自身が抱える問題を省み、知り、考える手がかりになるといっても過言ではない。社会や国家のありよう、文化的伝統と現代的な生活のバランス、教育、アイデンティティ、世界とのかかわり方などについて、多くの示唆を与えてくれる問題だという気がしてならないのだ。

だからこそ、私は、あえて今、われわれ日本人がこのチベット問題を理解しようと努め、「他人事ではない」という意識でのかかわりをもつべきだと痛感している。

われわれの理解が、不幸にして現在も世界中に数多くいる、自由や人権を得られない人々へのささやかな一助となることを望むのは言うまでもない。

今回、チベット問題に関する騒ぎは、北京五輪の開催というタイミングと呼応して、世界的な関心を喚起した。そして、チベット問題のもう一方の当事者であり、五輪開催によって真の大国への道を見定めようとしていた中国の抱える問題の深刻さをも、映し出すこととなった。

この点においても、隣国であるわれわれは、新たな課題が投げかけられている。

チベット人の人権抑圧について、中国側に改めるべきところがあることは間違いない。しかし、だからといって、「中国＝悪者」との短絡的な見方をするだけで片付けるのは、賢明とは言えないだろう。

多くの読者の皆さんが先刻ご承知のように、日本と中国の間には従来、単なる隣国関係と呼ぶには、あまりに複雑な関係性がある。だからこそ、われわれ日本人が「チベット問題」というフィルターを通して、あらためて中国をどう見るか、どうかかわるか、を考えるステージに立ったということでもあるのだ。

私が本稿にて、チベット問題を論じるに際して、願っていることがひとつだけある。

それは、今回、北京五輪とリンクしてこの問題への議論が沸き起こったからといって、五輪の終了とともに、日本でのチベット問題自体への関心がしぼんでしまうようなことがないように、ということだ。

新聞やテレビは、次々に起こるニュースを追わなければならないから、チベット問題がヘッドラインに載る機会が減ったとしても致し方ない。

しかし、願わくは、この問題が真に解決されるその日まで、一人でも多くの方とこの問題への強い関心を共有していきたい。そう心から望むものである。

二〇〇八年六月

大井《おおい》　功《いさお》

目次

まえがき　3

第一章　「チベット問題」とは何か　15

第一節　「チベット問題」とは、どんな問題なのか？　16
ある日、わが国が他国に占領されたら……　18
チベット問題を読み解くための6つの要素　19
①民族問題　②宗教問題　③人権問題
④領土問題　⑤経済格差問題　⑥環境問題

第二節　チベットは、いつ、「中国の一部」となったのか？　34

チベットが「一部」でなかったことを物語る毛沢東発言　34
チベットのラマと中国皇帝の関係　36
チベットとはどこか？　39
新聞記事が、あいまいな表現に終始した理由　41
第三節　中国がチベットを手離したくない理由　52
理由は5つある　52
第四節　チベット人は、世界は、何に最も憤っているのか？　60
チベットを中国にしてしまうという「戦略」　62
チベットは、現代の植民地。満州のコピー？　67
第五節　チベット問題に口を出すことは、「内政干渉」か？　73
日本政府、メディアの「弱腰」を責めるだけでいいのか？　73
チベット騒乱に対するヨーロッパの反応　77
日本の人権外交はお題目か？　83

第二章　「ダライ・ラマ法王」「チベット亡命政府」とは何か　85

第一節　ダライ・ラマ14世は聖人か、「暴動の首謀者」か？　86

「おじさん」のように気さくな聖人　87

ダライ・ラマとは、チベット人にとっての太陽　89

転生者を見つけ出すチベット独特の伝統　91

第二節　ダライ・ラマ14世は、なぜ欧米セレブのカリスマか？　96

チベット暦の新年、世界中から人々が集まる　96

清貧なたたずまいに見る、聖人の決意　97

生きとし生けるものを救うために、慈悲と言葉で闘い続ける　101

第三節　ダライ・ラマ14世の求める「高度な自治」とは？　104

「国家元首」であるダライ・ラマ14世　104

中道のアプローチ　109

第四節　「チベット亡命政府」には、憲法、内閣、裁判所がある　113
『独立手帳』を持っていた亡命者たち　113
チベット亡命政府（CTA）の成り立ち　116
第五節　亡命チベット人学校に、教育の理想がある？　122
質素なレセプションセンター　122
夢と希望を背負って、雪山を越えて来た子どもたち　124
学ぶために亡命して来る子どもたちの学校　127
第三章　「チベット問題」から見る、これからのアジアと世界　135
第一節　もうひとつの大国、インドのチベット問題　136
歴史上初めての印・中蜜月時代到来　137
損得勘定の裏でもつれるインドの国民感情　139
インドと中国の積年の争いのその後　143

第二節　チベット問題に声を上げる中国の人々　147
東京でデモ、中国で知識人の抗議の声　147
中国で正論を述べること、無実の人を助けることは命がけ　150
中国で吊るし上げられた二人の若い女性　154
第三節　チベット問題とアメリカ、そして台湾　160
チベットがかつて展開したゲリラ戦とCIA　160
騒乱から1週間後には、ダラムサラに飛んだアメリカ下院議長　163

第四章　日本人と「チベット問題」　169

第一節　日本は、チベット問題をカードに使えばいい？　170
戦前、日本からチベットへ渡ったツワモノたち　170
安倍前首相の勇気ある発言の背景　173
ダライ・ラマ14世の言う「中国が受け入れるべき現実」　175

第二節　日本はチベット問題に、どう向き合うべきか　182
日本が中国に対して主張し続けるべき二つの原則　187
中国における情報公開　188
日本にとって中国は、脅威か？　190
第三節　ゆめゆめ日本が「東の蔵」にならないように　194
中国が欲しいものにあふれた宝の島、日本　194
日本の政治力は、日本の国力に相当か？　196
意外に、隣国と上手に距離を置く日本の若者たち　199
チベット問題と韓国の若者　202
第四節　大きな転換期に立った日中関係　205
四川大地震での日本の救援活動への反応　205
四川大地震でチベット問題はどこへ行った？　208
結びにかえて　213

国を失ったチベット、「国づくり」に腐心する中国　216
チベット問題解決のために、日本人は何ができるか？　220
「チベット問題」関連年表　224

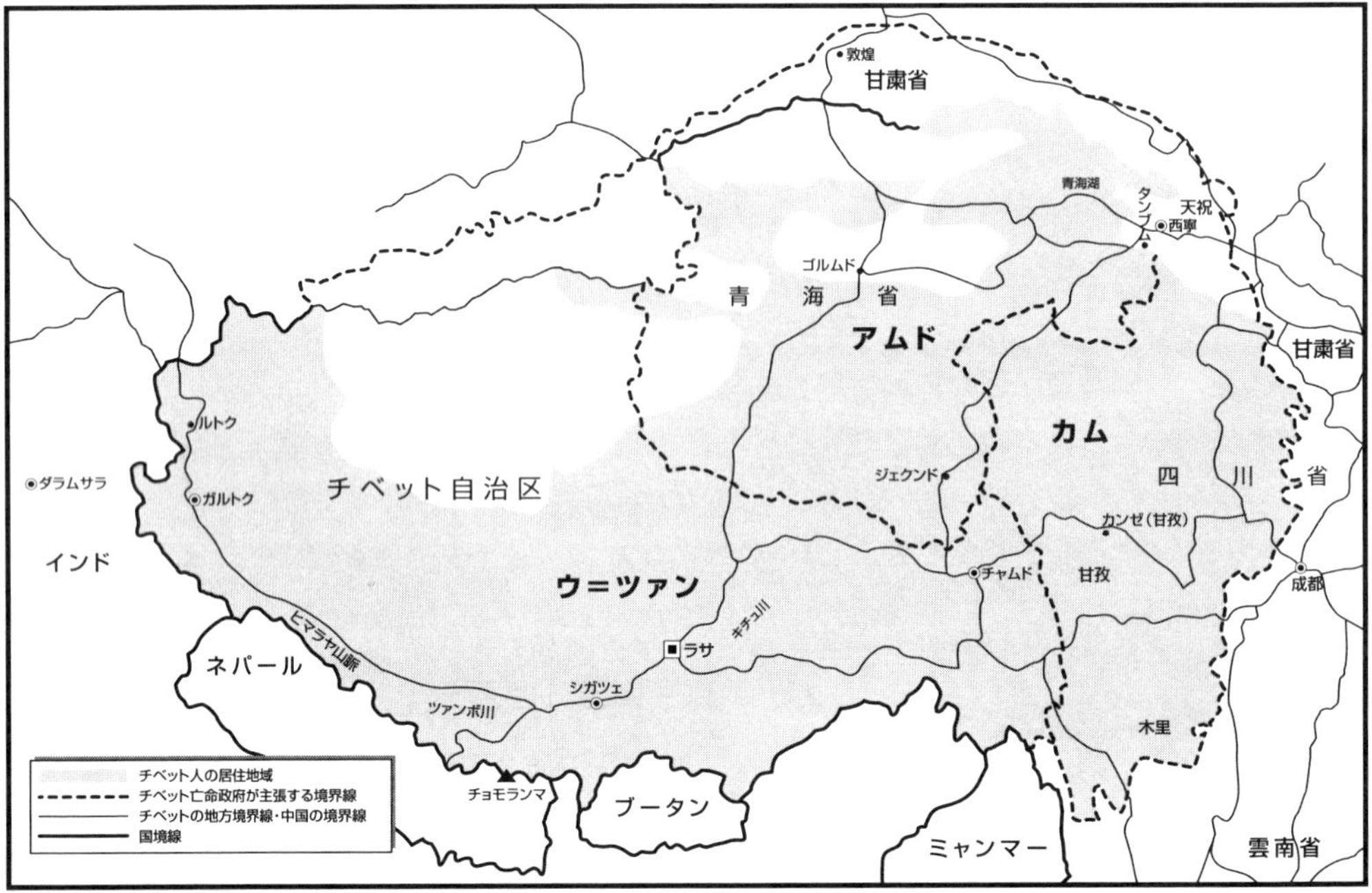
敦煌
甘粛省
青海湖
タンブム
天祝
西寧
ゴルムド
青 海 省
アムド
甘粛省
ルトク
カム
ダラムサラ
ガルトク
チベット自治区
ジェクンド
四 川 省
カンゼ（甘孜）
インド
ウ＝ツァン
チャムド
甘孜
成都
キチュ川
ヒマラヤ山脈
ネパール
ラサ
シガツェ
ツァンポ川
木里
チョモランマ
ブータン
ミャンマー
雲南省
チベット人の居住地域
チベット亡命政府が主張する境界線
チベットの地方境界線・中国の境界線
国境線

第一章
「チベット問題」とは何か

第一節　「チベット問題」とは、どんな問題なのか？

チベット問題は、半世紀以上、隣国にあり続けた問題

チベット問題とは何か？

それは、単純な問題ではないが、けっして難解な問題ではない、と私は思う。

チベットそのものの神秘的なイメージも手伝って、わかりにくい問題のように思われているが、実際はそうではない。

人並みの理解力と想像力、そしてごくふつうの人情を持ってさえいれば、誰もが理解でき、共感できる問題である。その証拠に、まったく違う文化を背負っている欧米の人々が、「チベット問題」に深い理解を示している。

チベット問題の発生は、一連の新聞報道では1951年にさかのぼる、とされる。

実際には、その2年ほど前、と理解したほうがよさそうだ。1949年、中国共産党が国民党との内戦（国共内戦）に勝利し、中華人民共和国を建国した直後、チベットを「わが領

土」だとして、軍隊を進めたことが始まりである（詳細は第二節）。

つまり、チベット問題は、発生から半世紀以上が経っている、ということを最初に認識すべきだ。私のような団塊世代の人間が生まれた直後から、チベット問題は隣国において存在した。にもかかわらず、今日まで、日本ではあまりに無関心なまま過ぎてきた。

もっとも、問題発生から約20年後の１９７２年まで、日本と中国の間に国交はなく、正確な情報が入ってこなかったという事情はあるが、国交正常化後の35年間も、チベット問題が日本で報じられる機会はほとんどなかった。

＊

２００８年5月3日付の朝日新聞に、3月14日のラサでの騒乱の銃撃をかいくぐり、初めてインドへたどり着いたチベット人亡命者の体験談が載った。この人は、「自由」とはどういうことか？　との問いに対して、

「外出しても、何を叫んでも、殺されないこと」

と答えている。

日本人が、当たり前に手にしている「自由」を、チベット人は命がけで手に入れるしかない。端的に言うならば、これが「チベット問題」なのである。

ある日、わが国が他国に占領されたら……

「チベット問題」を、より「自分事」として理解するために、あえて、荒唐無稽な、あるストーリーをご紹介しよう。

――未来某日、日本は、日米安全保障条約を解消し、在日米軍は引き上げた。

まもなく、強い軍事力を誇る他国が日本との国境線ぎりぎりに軍隊を集結させ、日に日に圧力を強めた。日本政府は相手国と交渉、一定の領域を非武装地帯とすることで合意したが、その後、相手国は、非武装地帯でのいざこざを理由に軍を進め、国境線を侵した。

日本政府は、国際社会へ窮状を訴えるが、国連安全保障理事会での議論が時間ばかりを要しているうち、とうとう相手国軍は日本へ進駐。日本の行政のトップには、相手国の傀儡《かいらい》の人物が据えられ、日本国民統合の象徴である天皇は亡命を余儀なくされた。

やがて、相手国の人々が大量に移民してきた。先住民の日本人は定められた地域にしか住むことを許されない。侵略者が「正しい歴史認識にとって支障あり」と判断した文化財は破壊され、利益になると判断された寺社は、観光収入を吸い上げる道具として残された。

為政者への批判は一切許されず、文化人や宗教者は次々と投獄、あるいは処刑された。

日本固有の文字（かな文字など）は使用を禁止され、日本人は改名を命じられ、日本語教育、日本人が書いた歴史の教育は受けられず、家庭で神棚をまつることも禁止された――

＊

実は、このストーリーの概略は、隣国の「ネット愛国者」が書いたとされる「未来物語」の要旨である。現段階では、愚か者の妄想だと嗤《わら》い飛ばしていられるが、私はあえて問いたい。

仮に、将来これに似た事態が起きたとしたら、われわれ日本人はどうするだろうか？果たして日本人は、自国の主権を守るために戦い抜く覚悟があるだろうか。あるいは、自分たちの誇りや文化を守るために、命がけの抵抗運動を起こすことができるだろうか？

中国側がどんな主張、弁明をしようとも、チベット人から見れば、この荒唐無稽な妄想と同じことが約60年前、現実に起こったのであり、今もって信仰の自由が抑圧され、二千年の伝統をもつチベットの文化や思想が、この地球上から消されかけている。

このことが、「チベット問題」の本質である。

チベット問題を読み解くための6つの要素

長い歴史をもってしまったチベット問題には、一貫してきわめて単純な面と、紆余曲折の中で複雑化した面とが同居している。

単純な面とは、多くのチベット人が「祖国」を奪われ、今も苦しみ続けているということである。だからこそ、ラサで起きたような、命がけの訴えが幾度も起きている。

一方、チベット問題の複雑な面としては、おもに次の6つの要素が考えられる。

①民族、②宗教、③人権、④領土、⑤経済格差、⑥環境、である。

これらは相互に深く関連しているが、まずは本書全体の話を理解しやすくするため、6項目それぞれがどんな問題なのかを大づかみに整理してみたい。

①民族問題としてのチベット問題

チベット人がいかにユニークな民族であるか。

私は民族学の専門家ではないから、それを論理的に説明するのは簡単ではないが、論理よりもむしろ、実際にチベット人に会い、日常生活を垣間《かいま》見れば、その特異性は一目瞭然だ。

そもそも「チベット人」とはチベット高原に住み、チベット語を話し、チベット仏教やボン教（土着宗教）を信仰する複数の民族の総称である。そして彼らの言語、身体的特徴、文化、宗教・習俗、歴史的運命など、およそ「民族」を構成すると思われるほとんどの要素が、中国人（漢民族）と「同根」だとは考えにくい。

チベット問題を取り上げたテレビ番組で、在日中国人の出演者が、

「チベット語は中国の方言ですよ」

と大真面目な顔で語っていたのを聞いて噴き出してしまった。

きっとこの人物は、チベット語を聞いたことも見たこともないか、さもなければ、何か大きな勘違いをしているのだろう。

ちなみに、チベット語は、体系、文字、音声などから見て、中国語とはまったく異質な言語である。たしかに、中国語には方言が無数にあり、外国語のようにまるきり通じない方言もある。それでも、語順、文字、音声の特徴などを見れば、明らかに同系にある言語だということがわかる。

ところが、チベット語は、語順はむしろ日本語に近く（中国語は英語に近い）、インドやネパールの言葉、あるいはモンゴル語との共通要素が多い。

言葉以外にも、チベット人の特殊性はさまざまある。

「人間が生活できる限界点」といわれる高地で、何代にもわたって生きてきたチベット人は、4000mの高地でもへっちゃらだが、中国が併合した直後、チベットへ移住した漢民族は大勢が高山病に苦しみ、女性の多くが子どもを産めなかったという。

つまりそれほど、チベット人は、漢民族と異なる身体的特徴を備えている。さらに遊牧民として生きてきた伝統から、特異な習俗を持っている。

とはいっても、世界中のほとんどの国家が、単一民族で構成されているわけではないし、民族ごとに、「独立国家」を建設しているわけでもない。

異なった民族が寄り集まって国家を築くのがふつうだし、あるいは、過去に、ある民族が別の民族の住んでいた土地を侵略し、征服してつくり上げた国家も多数存在する。

アメリカしかり、ロシアしかりだ。

程度の差こそあれ、わが国日本だって、けっして「単一民族国家」などではない。

この点に関して、中国側の言い分を代弁すれば、

「中国は56の民族が集まる多民族国家で、チベット族は、55の少数民族のうちの一民族に過ぎない。中国の政策のおかげで、チベットに現代文明がもたらされ豊かになったにもかかわらず、チベットには今も、過激な『独立分子』や『不満分子』がいて、それらが外国にいる勢力と結びついて、大掛かりな騒ぎを起こしているのだ」

ということになるだろう。しかし、問題の本質はそういう次元ではない。

そもそも国家というものは、国民の生命と基本的人権を守る責任がある。

21世紀の現代、責任ある国家の政府は、国家の構成員であるすべての民族が、個々の文化や、自由な意志を尊重され、「私たちはもともと○○民族だが、中国国民となって、まずまず幸せだ、よかった」と実感できるような政治を行なう使命があるのだ。

しかし、不幸なことに、民族問題は今も世界のあちらこちらで起きている。

チェチェン、ボスニアの例があるように、東西冷戦体制の崩壊後、旧ソ連や東ヨーロッパといった旧社会主義体制下の国々において、民族問題が激しく表面化し、紛争へ発展した。

これらの国々は、体制崩壊前、「社会主義のイデオロギーと革命によって、われわれは民族問題を克服した」と自負していたのだが、実のところは、単に諸民族を抑圧し、その実態を隠蔽《いんぺい》していたに過ぎなかったことが明らかになった。

そして今、「同様のことが起きている！」という強い非難と疑いが、欧米諸国や人権団体から、中国へ向けられているのである。

②宗教問題としてのチベット問題

チベット人の生活や文化は、仏教への信仰と切り離しては成り立たないものである。しかも仏教は、発祥の地インドでは廃《すた》れてしまったため、チベット語の経典でのみ、その精髄を知ることができるともいわれている。

チベット仏教の最高指導者ダライ・ラマは、チベット人が「観音菩薩の生まれ変わり」と信じる活仏（生き仏）である。しかし、現在のチベットでは、その肖像を掲げることも、名前を唱えることも厳禁だそうだ。

現在の中華人民共和国では、信教の自由は憲法で保障されている。にもかかわらず、「中国には信教の自由がない」という訴えは、チベット仏教に限らず、枚挙に暇《いとま》がない。

カトリックについては、中国政府が公認しない教会はすべて非合法な「地下教会」である。ちなみに、「共産党公認」の教会は、カトリックの総本山であるバチカンとは何の関係も持たない。この問題について、ブッシュ大統領は、２００６年、中国の地下教会の信者とホワイトハウスで面会し、今後も中国のリーダーに信教の自由について言及すると表明した。

ほかに、ウイグル人らに多いイスラム教徒は、生涯の念願である「メッカ巡礼」を禁じられているという。

つまり、中国では、建前では信教の自由が謳《うた》われながらも、それはあくまで「当局が許す範囲内、指導の下で」の信仰である。「外国の影響を受ける宗教は認めない」というのが本音なのである。

また、ダライ・ラマを含むチベット仏教の高僧は、先代が没すると、チベット伝統の占術や探索法に従って「生まれ変わり（転生者）」の幼児を探し出し、高僧らによって英才教育を施すという存在である。ところが、何と、中国共産党政府はこの活仏を、「国家の許可制」にしてしまったのである（チベット仏教活仏転生管理規制）。

千年以上の歴史を持つチベット仏教も、西洋伝来のカトリックも、建国50年足らずの為政者である共産党の管理下に置く、という、滑稽《こっけい》なまでの鼻息のあらさ。

やれやれ、とんでもなく大きな「仏罰」でも当たらなければいいが、と苦笑してしまうのは、私だけだろうか？

③人権問題としてのチベット問題

そもそも「人権」とは、どういう概念か？　辞書（大辞泉）によれば、「人間が人間として当然に持っている権利。基本的人権」とあり、
では、「基本的人権」とは何か、と引くと、
「近代初頭では、国家権力によっても制限されえない思想・信教の自由などの自由権を意味

したが、20世紀になって、自由権を現実に保障するための参政権を、さらに国民がその生活を保障される生存権などの社会権をも含めていう場合が多い……（以下略）」

つまり、国家権力が、信教の自由を制限しているという実態は、それ自体、重大な人権の侵害にあたる、ということが数百年前から規定されている。

国連人権委員会等での亡命チベット人の証言によると、チベットでは、ダライ・ラマの肖像画を持っていた、ダライ・ラマの名を呼んだ、などの理由で拘束される人は数え切れないほどいる。僧侶らが、「ダライ・ラマの肖像画を跨《また》げ」とか、「ダライ・ラマを侮辱せよ」と命じられるのは、今もって日常茶飯事だという。

そして中国での人権問題は、宗教への抑圧だけではない。デモや集会を組織しただけで数十年におよぶ投獄、児童の拉致、残虐極まりない拷問《ごうもん》、公衆の面前での僧侶や尼僧への性的な辱《はずかし》めなど、そのおぞましい例は、書かれたものを読むだけでも身の毛がよだつ。

１９８４年の国連総会で採択された「拷問等禁止条約《ごうもんとうきんしじょうやく》」に、中国政府は86年に署名し、88年には批准《ひじゅん》している。そして、「中国人権白書」の中では、「チベットには政治犯は存在せず、中国の刑務所では囚人たちは人権を尊重されている」との報告がなされたという。

しかし、その後も拷問に関する証言は後を絶たず、１９９５年の国連人権委員会では、チベット人僧侶パルテン・ギャツォによる生々しい証言がなされた。

囚人となった多くのチベット人の証言によると、家畜に用いる電気ショック棒を体に押しあてたり、口の中に突っ込んだりといった拷問はよく行なわれていたようだ。それは、同席した新米の中国人の看守が直視できずに気絶するほどの残虐さであったらしい。にもかかわらず、この道具が女性を性的にいたぶるときにもよく用いられたという。これらの告発に対し、中国側は一貫して、「亡命者の証言は虚偽である」と主張している。

私はむしろ、亡命者の証言がウソで、こんなおぞましい拷問などないことを切に望む。しかし、数カ月前、私がインド、ダラムサラで会った老人たち――中国当局によって投獄され、動物並みの待遇とひどい拷問を受けた亡命チベット人たち――が、根も葉もないウソを言うような人物にはとても思えなかった。

日本では、３月以降の一連のチベット問題報道から、ほぼ初めて中国の人権問題が大きく報じられるようになった。チベットだけではなく、漢民族の人権派弁護士や人権活動家らの拉致、地方再開発にともなう強制立ち退きの暴力的な手口などは、欧米のメディアではこれまでもたびたび、大きく報じられてきた。しかし、日本では、中国報道というと「経済発展」と「対日関係」という観点ばかりであった。

最近になって「へぇ、中国の人権問題、それほど深刻なことだと初めて知りました」などと言っているのは、おそらく先進国の中で日本人だけであろう。

④領土問題としてのチベット問題

２００８年5月、胡錦濤《こきんとう》国家主席が日本を訪れる直前、中国政府がダライ・ラマ法王側の代理人と話し合いを持ったと報じた記事に、「ダライ・ラマ側が主張する大チベット」という言葉があった（14ページの地図参照）。

これは、「領土問題」としてのチベット問題を語る上でのキーワードである。

現在、私たちが何となく「チベット」という場合、それは、ラサのある「チベット自治区」を指している。

しかし、その「自治区」が成立したのは、１９６５年のことである。中国のチベット併合から約15年後、ダライ・ラマ14世がすでにインドへ亡命した後のことであった。

現在の地図では、チベット自治区の東にある青海省や、四川省の西半分、甘粛省の北東部には、「チベット族（蔵族）自治州」や「自治県」「蔵族郷」が広がっている。

チベット亡命政府は一貫して、中国側が「自治州・県」と定めたこれらの領域を含む広大な地域全体を、「もともとのチベット」と主張している。
①の「民族問題」の項で述べたように、チベット人とは、いくつかの民族の集合体だが、それはおもに出身地による「部族」である。
現在、四川省の西半分に組み込まれている「カム地方」、青海省に組み込まれている「アムド地方」、そして、ラサのある「ウ・ツァン地方」の3地方に、それぞれの異なる習俗や言語をもつ部族がいて、それぞれの部族には藩王がいた。

現在、青海省や四川省の西半分に組み込まれたチベット人居住地には、ダライ・ラマ14世の生誕地や、近年日本で人気の観光地「九寨溝《きゅうさいこう》」、パンダの生息地の臥龍が含まれている。

この「もともとのチベット」という領土主張を、中国当局は無視し続け、中国の学者は、「到底、受け入れられない考え」と言っている。

⑤経済格差問題としてのチベット問題

日本でのチベット報道が始まった当初、騒乱の原因として、「経済格差」問題に焦点が当てられた。近年のチベットは鉄道も開通して経済的に潤ったが、その恩恵にあずかったのは漢民族だけで、大多数のチベット人は貧しいままだ、との分析であった。

チベットに限らず、今の中国で「経済格差」は、全国的かつ深刻な問題である。10％以上の高い経済成長率や富裕層の贅沢ぶりが喧伝される一方で、1日1ドル以下の収入しかない最貧困層が億単位でいるといわれる。

だからこそ、最近、中国の町のあちらこちらには、「和偕社会（調和のとれた社会）云々」というスローガンが躍っている。

この言葉は2006年10月、安倍前首相の訪中と重なった中国共産党の第16期中央委員会第6回全体会議（6中全会）で、胡錦濤国家主席が提唱した「和偕社会の建設」との文書によって一気に広まった。

このときの「胡錦濤構想」では、2010年までに地域（都市と農村）間格差の抑制、合法的な所得配分の仕組みづくり、十分な雇用と社会保障システムづくりが目標とされた。

チベットの経済状況

2008年初頭、チベット自治区のシャンパ・プンツォク主席は自治区人民代表大会で、「2007年、チベットの総生産高は342億元（見込み／約5400億円）、一人当たり生産高は1万2000元（約19万円）を超え、2002年からの5年間で倍増した。これにともなって、農民や牧畜民も最も多くの利益を得た。経済成長率は7年連続で12％以上の高い伸びを保ち、チベットは飛躍的な発展の時期に入った」

と高らかに述べた。さらに、シャンパ・プンツォク主席は、

「今後の5年間、総生産高の伸びを年平均12％、農民や牧畜民の年間平均純収入を13％高めるほか、美しい大気と水に恵まれた自然環境を保護し、より調和のとれた社会を目指す」

との目標を述べた。

中国国家統計局のチベット調査総隊の統計によると、

「2007年のチベットの社会消費品小売総額が、前年同期比24・9％増の112億元（約1800億円）に達し、消費が経済成長の後押しとなっている」

とのことである。

このデータは、個人消費の高い伸びを指している。そして同時に、チベットでの急速な貨幣経済の浸透を物語っている。かつて農村・牧畜区では現金を用いずに調達できた食料品にさえも、今は現金が必要となったと嘆く声は多い。

別のデータを見てみよう。2003年、チベット自治区の都市住民の一人当たり年間総収入は1万元超、農村住民家庭の一人当たり年間総収入は2300元程度。この時点で、5倍

近い収入格差であった。

仮に2007年までの4年間で農村部の収入が年10％程度ずつ上昇したとしても、都市部の収入はより大幅に増加したはずで、2003年時点での5倍近い収入格差は、さらに広がっているはずである。しかも、前年比10％近い物価上昇の中で、チベットの農牧民の生活は苦しさが増す一方だ。

そして、これが最大の問題だが、チベットで、農村部住民とはほぼ100％がチベット人。収入が著しく増加している都市部住民とは、大半が漢民族だ。チベットでの「経済格差」問題はとはすなわち「民族間格差」問題なのである。

⑥環境問題としてのチベット問題

テレビ番組で在日チベット人学者のペマ・ギャルポ氏が中国人との「激論」の中で、「『環境問題が重要』とおっしゃいますけどね、私たちチベット人にとっては、中国人が大量にチベットに入ってきたこと自体が、深刻な環境問題なんですよ」と苦笑しながら発言しているのを聞いて、笑ってしまった。しかし、本当は笑い事ではない。

半世紀にわたる漢民族の大量移住が、チベットの文化や伝統的な生活を破壊したということを「環境問題」と氏は喩《たと》えたが、ことはそれだけではない。中国の半世紀にわたる支配の結果、チベットの貴重な自然環境が破壊され、環境危機ともいうべき事態が起きている。

この危機は、ヒマラヤの氷河融解がすすんでいる現象などにも明らかだ。しかも、ヒマラヤの自然環境の問題は、その影響がチベットだけで済むことではなく、麓《ふもと》にあるアジアの多くの国々にも渇水や水害などの悪影響を及ぼすから、より深刻である。

しかし実は、80年代半ばにはすでに、チベットの自然破壊への警告が、各国の識者によってなされていた。

「併合からわずか四半世紀のあいだに、チベット東部の大森林地帯を丸坊主にし、木材を長江の河面が見えなくなるほど流した。それが、長江流域の大洪水と土砂の流出の原因だ」

と倉前盛通氏は著書の中で指摘している。山を信仰の対象とするチベット人にはもともと、「森を丸坊主にする」という行動パターンはない。中国人による乱伐が原因だというのである。

この「暴挙」からさらに30年近くが経った今、中国政府の言う「美しい大気と水に恵まれた自然環境を保護し」との目標は果たして実現可能な、妥当なものだといえるのであろうか?

第二節　チベットは、いつ、「中国の一部」となったのか？

チベットが「一部」でなかったことを物語る毛沢東発言

チベット問題の議論で避けて通れない話題——それは、中国共産党軍の武力による占領を受ける以前、チベットが独立国家であったか否かである。

これについて、中国側は、

「チベットはもともと中国の一部だった」

と言い、一方のチベット亡命政府側は、

「チベットが中国の一部であったことは歴史上一度もない」

と主張している。

中国側は、共産党政権からはるか昔の清の皇帝とダライ・ラマとの関係を持ち出して自らの正当性を主張し、チベット側はその反証を述べるなどしてきた。

しかし私は、次の事柄こそ、この問題の一番明確な答えだと感じている。

1936年、共産党のリーダー毛沢東が、後に毛の新中国建設を礼賛するルポルタージュを書いたアメリカ人作家エドガー・スノーのインタビューに答えた一節である。

「朝鮮・台湾が（日本から）独立しようとするなら、われわれは応援しよう。（中略）チベットが（共産主義による）共和国となって中国連邦に参加しようとするなら歓迎しよう」

この時点で、毛がチベットを「中国連邦外の国」と考えていたことは明らかである。毛は中華人民共和国を成立させ、ほぼ同時に、連邦外の国チベットを武力占領した。その後になって、「チベットはもともと中国の一部だった」と言いくるめようとしたのだ。

このように、歴史を都合よく書き替えようとする行為は、チベットに限らず、中国共産党がしばしば行なう手法である。近年では、高句麗遺跡の世界遺産登録が決定した途端、「高句麗は中国の一地方民族（国家）だった」と言い出して、韓国の猛反発を招いた事件が記憶に新しい。

歴史をひもとけば、チベットが中国へ攻め込んだ時代も

歴史の話となったついでに過去をひもといてみると、大昔には、チベットと中国の形勢が現代とは逆だった時期もある。

7世紀、ひじょうに強い国力を誇った当時のチベット(国名：吐蕃)は、唐の国力が落ちて来たことに乗じて、たびたび軍隊を擁して唐へ侵入した。ついには都、長安（現在の西安）を脅かして、皇帝に定期的な朝貢を約束させたのである。

このときに限らず、大陸の歴史とは、さまざまな民族がまさに「組んずほぐれつ」して形成してきたものである。モンゴル民族が北京に都を構え、中国から中央アジアまでを支配したことさえあるのだ。

そう考えると、古来「チベットは中国の一部」という発想そのものに無理がある。攻めたり、攻められたり、ときには都合よく役割を分け合ったりもしてきたのだから、つねに一方が上で、他方はその「一部」だったというのは、滑稽《こっけい》な考え方だ。しかし、こう信じて疑わずにいられる考え方が、世に言う「中華思想」である。

漢民族こそが世界の中心であり、周辺にいる他民族は、独自の文化も持たない「夷《えびす》（野蛮人）」である。中国人はそう信じ込むことで、自分たちの求心力を保持してきたのだ。

チベットのラマと中国皇帝の関係

大陸の歴代王朝の中で初めて、チベットとの親密な関係を築いたのは、モンゴル民族の王朝、元である。

13世紀チンギス・ハーンが大帝国を築いた後、オゴタイ・ハーンが、チベットの高僧サキャ・パンディタ・クンガ・ギェルツェンとの間に、「チュ・ユン（寺と檀家）の関係」を結んだのが始まりとされる。その後、フビライ・ハーンが仏教を国教とし、サキャ・パンディタの甥パスパの後ろ盾となってチベット全土の政治権威を与えた。

チュ・ユン関係は長らく、モンゴル王とチベットの高僧らとの間で存続し、後に満州民族の王朝、清朝の皇帝らと歴代ダライ・ラマとの間に受け継がれていったのである。

「チュ・ユン関係は、個人的な関係でした。だからこそ、元の滅亡後もモンゴル王との関係が持続したように、施主（檀家）の政治的地位が変わっても関係が絶えなかったのです」

と、ダライ・ラマ法王日本代表部事務所のラクパ・ツォコ代表は説明する。

寺と檀家の関係と言われれば、われわれ日本人には理解しやすいところがある。中国政府は、清朝皇帝と歴代ダライ・ラマの関係を、「皇帝にラマが仕えていた」かのように伝えようとしているが、そういうものではないだろう。

皇帝とラマとの関係は、ヨーロッパの王とローマ教皇の関係に似ているとの見方もある。優劣上下ではなく、「私は清朝のトップ、あなたはアジア一帯の精神面でのトップ」というように役割を分担をしていたのであろう。皇帝はラマによるチベット統治の力の後ろ盾となり、ラマは皇帝の統治の正当性にお墨付きを与えていたのだ。

清朝皇帝は、チベットがネパールなど周辺異民族の侵入を受けた際、チベットの要請に応える形で援軍を送っている。とくに18世紀には、ネパールのゴルカ軍の侵入を阻止するためなど計3回の援軍を送った。

この一時期、チベットが清の支配下に入ったという見方もできるが、この頃を境に清は急速に弱体化していった。19世紀から20世紀、チベットがカシミールの侵入(1841～42年)、ネパールの侵入(1855～56年)、さらに英領インドの侵入(1903～04年)に悩まされた時期には、清は完全に力を失っていた。

中華民国とチベットとの関係

1911年、辛亥《しんがい》革命によって清朝が滅亡したとき、チベットは、中国、チベット、モンゴルの諸国はすべて対等、別個の国家であると主張し、国際社会への働きかけを始めた。

一方、辛亥革命を指導した孫文は、「五族(漢・満・蒙・回・チベット)共和」というスローガンを掲げていた。孫文が建国し、蔣介石へと継承された中華民国は、「民族融和の国家建設」を目指すと見せながら、実は、清朝末期に起きた「滅満興漢（満州人の国・清を滅ぼして漢民族の国をつくろうという政治運動）」の実現を目指していたのである。

清の国土をそっくり漢民族のものにしようとの目論見から、清朝の影響下にあったすべての土地を自国の領土だと主張。チベットやモンゴルと武力衝突をした。

この紛争の調停のため、イギリスがチベットの後ろ盾となって開催されたのが、シムラ会議（1913～14年）である。この会議では、チベットを完全な独立国家として承認するには至らず、中華民国の宗主権下で、完全な自治を行使するにとどめられた。

しかも、その自治権は東チベットの青海や西康には及ばず、中央チベットだけを管轄するとの提案がされた。結局、この調停案は完全合意に至らず、シムラ協定（1914年）はイギリス、チベットの2者のみが批准、中華民国政府が拒否したため、争いの種は残った。

チベットとはどこか？

チベットの領土問題を考えるにあたり、「チベットとはどこか？」という問題を改めて考えてみよう。

第一節の「領土問題」の項でも述べたように、伝統的に「チベット」と言えば、現在のチベット自治区のみならず、ヒマラヤ山脈の北側に広がる、世界最大の高原、チベット高原全体を指している。このことは、戦前にチベットを訪れた日本人の著作等でも明らかである。詳細を知るために、14ページの地図を参照しよう。高原は、四方すべてを6000~8000m級の山脈に縁取られている。

南側にはヒマラヤ山脈、西はカラコルム山脈、北にはクンルン・アルティン両山脈、東北部には、有名な塩水湖ティショギャルモ湖（青海湖）がある。

この湖から、現在の四川省の西半分、雲南省の北西までを結んだライン上には、山脈ではないまでも、5000~8000m級の山が点在している。

5000mを超える山々がこれだけ連なっていれば、それは天然の最高の城壁である。昔のチベットが、特段に「国境線」を引かなくても、自然と孤立した「国」であり得ただろうことは、容易に想像がつく。

実際に現在でも、青海省と四川省の西半分の大半が「蔵族（チベット族）自治州」で、実際に多くのチベット人が住んでいる。

歴史上、中国の歴代王朝との関係はいろいろと変遷し、ときには朝貢関係や姻戚関係を結んだこともある。外交官のような役割の中国人が少数駐在したことはあったとしても、この高い山々を越えて漢民族が大量流入し、チベット高原を闊歩《かっぽ》し、支配したとは考えにくい。中国共産党は徐々に兵を進めながら、きわめて巧みに、東チベットを青海省、四川省へと組み込んでいったのである。

またもや、荒唐無稽で乱暴なたとえ話をする。

これは、仮に日本が中国に占領されるような由々しき事態となった場合、「沖縄、九州まで」が福建省に組み込まれ、それ以外の部分を「日本自治区」とされてしまうようなものだ。後世の人は、自然と、日本という「地域」の面積を、歴史上の実際よりも小さなものと錯覚するにちがいなく、侵略の負のイメージも薄められかねない。

ちなみに、もともとのチベットの全面積は、中国国土の約23％、4分の1に迫ろうかという広大なものなのである。

新聞記事が、あいまいな表現に終始した理由

「チベット問題」が、連日報道されていたとき、

「一体、いつ、どんな経緯で、チベットは『中国の一部』になってしまったのか？」

この点が、やっぱりよくわからない、という人は周りに多かった。

たしかに、2008年3月中旬以降の一連の新聞報道の中で、この「チベット問題」の発端について、新聞各紙の記述はどこかあいまいだった。

報じる側も、これほど大々的にチベット問題を扱うのが初めてだったのだから致し方ないだろうが、このあいまいな記述は、チベット問題への予備知識がゼロに等しかった大多数の日本人を、理解から遠のかせてしまったようだ。その代表的な例が、次のような記述である。

——1951年に中国軍が進攻して「解放」した後、……（3月17日産経新聞）

カギカッコ付きの「解放」という言葉は、あくまで中国側は、「チベットを解放した」と言っているが、チベット人にとってはそうではない、との意味を込めたものである。

＊

余談だが、われわれ世代には、この「解放」という言葉に一種の郷愁がある。今思えば、この言葉と、チベット問題への日本人の無理解は、少なからず関係しているかもしれない。

60年代終わりから70年代の初めに学生だった世代にとって、「解放」は、その頃よく聞いた言葉である。

「日本人民を解放せよ！」

当時、学生運動の闘士たちは、よくこう叫んでいた。

この頃の日本は、戦後の高度経済成長ですでに一定の成果をあげ、さらなる豊かさへの道をわき目もふらずに驀進《ばくしん》していた。とはいっても今の中国とは事情は違い、いわゆる55年体制の自民党政権が続く体制ではあっても一党独裁ではなく、何を叫ぼうが、どんな思想信条を持とうが、それで逮捕されるようなことはなかった。

同世代でありながら、学生運動とは距離を置いていた私のような人間が、

「おいおい、俺たち一体、何から解放されるんだよ？」

と突っ込みを入れると、左翼の闘士たちは、

「帝国主義や資本主義の搾取からの解放に決まっているではないか!!」

と大真面目に返答してきた。

大学構内のいたるところに、ものものしいスローガンを記した立て看板があったが、それらには、明らかに日本の文字ではない、不思議に簡略化された漢字が躍っていた。

看板の文言に魂を込めていた当時の闘士たちが「理想」と仰いだのが、この簡体字の故郷中国である。そして「打倒すべき敵」は、「米帝＝アメリカ帝国主義」であった。

そんな彼らの観念と想像の中で、中国は、正しい思想による革命を成し遂げた偉大な国であり、辺境にあったチベットは、その中国の革命精神によって、間違いなく「解放」されたのだと信じ込んだ。

そう信じ込んだのは若造の闘士たちだけではなかった。大の大人であった、当時の日本の多くの知識人もそう信じていた。

ところが、日本の左翼の闘士の理想であった「共産中国」は、1972年、敵であったはずのアメリカ、ニクソン大統領の電撃訪問を受け、握手を交わしてしまった。

今も当時の彼らの心中の動転を想像すると、皮肉ではなく、本当に気の毒だと感じる。

こんな体験があったからか、われわれ世代は、あれほど激しく政治運動をやったのにもかかわらず、その後、社会人となってからは政治への関心を封印し、どこか引いた見方しかしない大人になってしまった。

世界の動静に対しても、あえて「自分事」に引き寄せて考えるのを止めてしまった。何事も世界と結びつけるというより、とりあえず自分たちの目の前にある、たとえばビジネス上の利害にかなうかどうかで端的に判断する傾向が強くなったように思う。

そして、ニクソン電撃訪中と同じ72年、日本は中国との国交を正常化した。

パンダのつがいが日本へプレゼントされるというニュースも手伝って、日本中が、中国との友好祝賀ムードに包まれた。当然、チベットの悲劇が話題にのぼるはずもなかった。

ことの始まりは、1949年か？　1951年か？

さて、あらためて、チベットはいつ、「中国の一部」となったのか？　を考えてみたい。次に紹介するのは、2008年3月下旬の新聞2紙の記事である。

――A　もともとチベットは清朝の支配下にあったが、後に英国の影響が大きくなった。新中国（中華人民共和国）の建国後の1951年、中国はチベットを自らの領土として軍を進駐させた。（3月28日　朝日新聞「チベット問題ってなに？」から抜粋）

――Q　チベットは中国の一部なのか。

――A　（略）18世紀から清の支配下に入った。1911年の辛亥《しんがい》革命後、ダライ・ラマは中国の宗主権を否定し独立を主張したが、中華民国政府に認められなかった。現在の中国（中華人民共和国）が成立後、51年にチベットに軍を進め、チベット側と「平和解放に関す

る協定」を結び、以後、チベットは中国の一部となった。（3月21日　産経新聞）
（1911年当時の「ダライ・ラマ」とは、現在のダライ・ラマ14世の先代13世のこと）

2紙の記事で共通しているのは、

「1951年、現在の中華人民共和国成立後に、軍隊を進駐させた」

ことを、チベットが「中国の一部」となったとき、としている点である。

そこで、この点をチベット側の主張の中に探してみよう。

チベット亡命政府が対外的に出している文書では、

「1949年、中国人民解放軍が国境を越えて、チベットに侵入したとき……」

「1949年中国に侵略されるまで、チベットは法的にも事実上も独立国家だった」

と記されている。

1949年と1951年。中国のチベット進攻の年が、ちがっているのはどうしてか？

一体どちらが正しいのだろうか？

ここで思い出すべきは、太平洋戦争が終結し、日本軍が中国大陸から去った後の1946年から49年までの数年間、国民党と共産党は、「国共内戦」を繰り広げていたことだ。

共産党がこの内戦に勝利し、中華人民共和国の成立を宣言する49年以前、中国は国民党が支配する中華民国であった。この時代のチベットの状態については後でくわしく述べるが、共産党は、内戦中の48年頃すでに、チベットへスパイを送って兵力を探るなどの活動をしていたようだ。

そして、内戦勝利の色が濃くなった49年、東チベット（現在の四川省西部から青海省にかけて）に兵力を集めてチベット政府への圧力を強めていった。

その後は、「蚕《かいこ》が桑の葉を食べ進めるように」徐々に進軍し、東チベット一帯を巧みに中国の「省」に取り込んでいったのである。

そして、ついに1951年5月「チベットの平和解放に関する17か条の協定」が締結され、同年秋、人民解放軍がラサへ進駐した。

49年は、チベットの東境への侵入が始まった年であり、51年は、ラサが陥落し、チベットが、「中華人民共和国の一部」とされる引導を渡された年ということだ。

チベット占領に見る、国際社会の非情の掟

チベットが「中華人民共和国の一部」とされていった経緯から、私たちが学ぶべき教訓を

2つ見出すことができる。これらは、国際社会における非情な掟と言い換えてもいい。

第一は、国際政治は、真実と誠意に基づいては行なわれないということである。

残念ながら、現実には嘘と武力に基づく例のほうが多いだろう。これは何も昔のことではない。メディアを通じて、際社会が注視しているとわれわれが思っている現代にあっても、「作り事」が前提となってイラク戦争が起こされた例を見れば、それは明らかである。

「チベットの平和解放に関する17か条の協定」(1951年)は、チベット側にとって、まさにその象徴のようなものである。

この協定は、今日まで、中国によるチベット支配を正当化する根拠のひとつとされるが、チベット側は無効を宣言している。理由は次の2つである。

①署名する権限のない者が、中国側の脅しの中で、騙されて署名したものである。
②協定の前提は虚偽の内容であり、チベット政府はそれに同意していない。

①の「脅し」というのは、このときチベットの使節団が、中国側から「この協定への署名か、さもなければラサへの進軍を許すか、どちらかを選べ」と迫られたことを指す。

協定は、到底納得いく内容ではなかったが、使節団はラサの政府に相談するすべもなく、恫喝の中で究極の選択を迫られて署名した、とのことである。

②の「虚偽の内容」とは、

「もともと中国の一部であったチベットは、長い間、外国の帝国主義勢力の侵略を受け、搾取されていたところから、中国共産党が解放し、もとの大家族のもとへ帰還させた」

という趣旨が、協定の前文に謳《うた》われていることなどを指す。

実際は、共産党軍が来る前のチベットには、わずか６人の西欧人がいただけらしいのだが、事実がどうであれ、協定は「チベット側も同意した」として、国内外に発表されてしまった。国際関係においては、既成事実を作られてしまうことは負けに等しい。逆転は相当難しく、しかも弱いほうが強いものから逆転の１本を取るのは至難の業だ。

１９５０年前後のチベットは、あまりにも純朴でありすぎた。国際社会は、往々にして「やったもん勝ち」の世界なのである。

第二の教訓とは、いざ自国が窮地に陥ったとき、他国の助けなどというものは、あてにできないということである。

１９４９年以後、チベットは、隣国のインド、独立前インドの宗主国であった英国、米国などへ、「中国共産党軍の脅威がチベットへ迫ろうとしている」という窮状を訴えた。

しかし、誰もチベットを救ってはくれなかった。

英国は、インドの独立とともにインドから退いていたことを理由に知らぬ顔を決め込み、米国は朝鮮戦争が始まるその頃、チベットどころではなかった。

インドは、中華民国との間で話し合われた「シムラ協定」（１９１４年）を軸に中国と話し合い、平和的に解決すればいい、という、正論だが、他人事的なアドバイスを送り、会議の場だけを提供した。チベットはその後、国連へのアピールも行なったが、意味はなかった。

現代の日本人は、この経緯から学ぶところ大である。

自分の国は、自分で守る。自尊自立という考えこそが国際社会の常識である。これは何も軍備の必要性だけを言っているのではない。さまざまな角度から、日本の安全保障を考え、決定し、実行し、修正するのは、われわれ日本人自身だということである。

日本にとって、日米安保条約は最も重要な戦略である。

しかし、「アメリカが守ってくれる」あるいは、「アメリカが守ってくれるかどうか」を前提に、自国の安全保障や行く末を考えるのは、根本的に間違っている。

同盟は同盟であって庇護者ではないということをまず肝に銘じるべきなのだ。

高山によって隔絶された土地に暮らしてきたチベット人たちは、昔は事実上の独立国家体制を守り抜いてくることができた。だからこそ、「独立権」をことさら強く主張しなくても、自分たちの国を守れるものとのんびり構えていたのかもしれない。

あるいは、遊牧民だから、「国境線」などというものをさほど意識もせず、よくいえば、大地というものを大らかに見て暮らしてきたにちがいない。しかし、これは、非情な国際社会を生き抜く上では、迂闊《うかつ》な考えであった。

こういう考えの甘さは、海に隔てられ、ずっと自然に孤立していられた日本に生まれ育った、われわれの中にもありそうだ。

主張は、すべきときに、はっきりとする。これが国際社会の掟である。

第三節　中国がチベットを手離したくない理由

理由は5つある

「世界の屋根」ヒマラヤに抱かれたチベットは、平均海抜4000mを超える高地にある。ここを旅行する者は、まっ先に高山病対策を考えなければならないほど、人が住むには過酷な土地だ。

にもかかわらず、中国はなぜ、チベットに執着するのだろうか？

仮に、将来チベットが独立した場合、中国がその最も友好的な隣国となるのでは、なぜいけないのか？　ダライ・ラマ14世の主張する「高度な自治」という提案を、なぜ受け入れることができないのか？

これらの問いへの答えとして、5つの理由が考えられる。

うち3つは、ダライ・ラマ14世も自伝の中で明確に分析しているとおり、チベットの地勢条件と大きく関連している。

第一の理由は、チベットの広大な土地にある。しかもそこに、ひじょうに少ない人しか住んでいない、ということにあった。現在のチベット自治区だけでも、中国全土の8分の1を占める広大な面積は、それだけで目をつけられるに値する価値があったのだ。

今も中国人がしばしば口にする「わが国の多過ぎる人口」を移住させる格好の場として、人口密度の極端に低いチベットが狙われたのである。

人口問題に頭を悩ませ続けている近代中国は、チベットに限らず、膨大な数の人民を入植させられる土地をつねに探しているといってもいい。1949年当時、チベットには、現在、青海省、四川省の西半分に組み込まれているアムド、カム地方を含めた全土でも、せいぜい600万〜700万人の国民しかいなかったとされている（チベット亡命政府のデータ）。一方、当時の中国はすでに6億近い人口を抱えていた。

チベット人の居住地と漢民族の居住地とが接していたアムド(現在の青海省)あたりでは、漢民族の村に飢饉《ききん》が広がるたびに、多くの漢民族が食料を求めてチベット人の集落に流れてきたという。

ところが、中国ではチベット占領後にまたもや、毛沢東の「産めよ増やせよ」の号令によって人口爆発が起きる。その後の文化大革命での人口減少や、文革終了後の一人っ子政策の実施という「自助努力」にもかかわらず、中国の「多過ぎる人口」は、今日まで皮肉なほど順調に膨れ続けている。

今日では、中国の総人口は1950年の倍である。こうなっては、チベットが辺鄙《へんぴ》で自然環境が厳しかろうが、背に腹は代えられない。結果、現在のラサで、チベット人よりも漢民族の顔を圧倒的に多く見かける、と旅行者が証言する状況を招いている。

＊

第二の理由は、チベットの中国名「西蔵」に表われている。

西にある蔵。この命名は清朝時代のものとされているが、数百年前すでに、中国人はチベットの大地に莫大な資源が眠っていることを知っていたようだ。

「そういうことを嗅ぎ付ける能力という点では、漢民族は驚くほど利口ですよ。チベット人はとてもかなわない」

と、当のチベット人も苦笑する。具体的には、木材資源と鉱物資源である。

中国では伝統的に木材が主たる燃料であった。そのため、大帝国建造に際して盛んに青銅器や鉄器を鋳造し、膨大な量のレンガを焼いて万里の長城を作った秦の始皇帝の時代から、盛大に森林乱伐を行なった歴史がある。

その後も、時々に莫大な需要をまかなうための乱伐が断行された。しかも、中国人には、「山を元に戻す」という考え方がないらしい。古来、われわれ日本人の祖先が当たり前にやってきた、山の木を切ったら代わりに植樹するとの考えが、中国にはないのである。

山や森の木をひたすら切り出して丸坊主になったら、次の森を探すだけのこと。だから、古代には深い森林に覆《おお》われていたという黄土高原からは、ついに緑が消え失せ、広大な茫漠たる土の平原と化したのだという。

もはや自国内にまとまった森がなくなった現代では、中国が、アフリカや東南アジアで違法伐採された木材を大量に輸入しているとの批判の声も聞こえてきている。

さらに、チベットには、百数十種類もの豊富な鉱物資源が埋蔵されている。ちなみに現在、チベットでのクロム鉄鉱の生産量は、中国全土の生産量の約8割を占めている。鉄鉱、マグネサイトについては、今後、大規模に開発するとの政府見通しがすでに示されている。つまり、鉱物資源の大半はすでに中国政府の管理下で、盛んに採掘されてしまっているのだ。

第三の理由は、軍事拠点としての重要性にある。

ヒマラヤの山々が取り囲むチベットは、天然の「要塞」と成り得る地形で、おまけに、インドシナ、中央アジア、南アジアまでの全アジアを見下ろすことのできる位置にある。

ダライ・ラマ14世が亡命した1959年から60年にかけて、中国は、インド国境線のほぼ全域で軍事衝突を起こしている（中印戦争・中印国境紛争）。すべての紛争地帯で中国軍がインド軍を圧倒、中国は、西部のアクサイチン地区の実効支配を確立したが、東部地域では英国等の圧力もあって、あいまいなままに軍を退いた経緯がある。

経済発展が目覚ましく、軍事力の増強が目立ってきた今日になってから、日本では「アジアの覇権を狙う中国」との報道が頻繁にされるが、中国の覇権主義的な考え方は、何も今に始まったことではないのだ。中国は大昔から「アジアの覇者」を自認する国なのである。

「中国人の誰もが、21世紀中に中国が米国をしのぐ超大国となることを望んでいる。それは、古代の大帝国、漢や唐に匹敵する国ということだ」

とは、中国の著名な国際問題研究者の発言である。これはそのまま、共産党政権の目標であり、悲願であるといってもいいだろう。

ちなみに、青蔵鉄道は今後ネパールまでの延長工事を見据えている。これは、従来インドとの軍事的緩衝地帯だったネパールをも支配下に置き、近い将来には、事実上中国の「自治区」とする目論見の表われだと危惧する声もある。

さらに、前項の「資源狙い」とも連動することだが、ヒマラヤ連峰の懐に位置するチベットは、アジア全体の「水の蔵」でもある。

中国の二大大河として知られる黄河と長江の上流部、雲南省からインドシナへ流れ込むメコン河、サルウィン川（怒江）、インドの大河ガンジス川の上流部、ヒマラヤに沿ってパキスタンまで達するインダス川と、アジアのほとんどの大河が、チベット一帯を水源としているのだ。

チベットを押さえることは、アジアの「蛇口」を握ったのと同じことなのである。

中国は、水についても、自国の膨大な需要をまかなうことが大きな課題である。これも今に始まったことではなく、毛沢東時代から「南水北進（南にある豊富な水を、水の少ない北へ運ぶ）」という長期プロジェクトを推進してきたものだ。

ヒマラヤから、東（自国内）へ流れる水はもちろんのこと、南のメコン河への流れまでせき止めるかのように、近年、雲南省内に多くのダムを建設した。ヒマラヤの水をすべて中国国内に留保しよう、という作戦である。

その上で、ラオス、ミャンマー、タイが国境を接する「メコンデルタ経済圏」へ経済投資を積極的に進め、インフラ整備への援助も進めている。つまり、水という命綱の元を握った上で、この地域の経済の支配権をとっていこうという戦略である。

＊

ここまでに述べた3つの理由は、1949年以前に、中国共産党がチベットに目をつけたときからあった理由である。しかし、次に述べる第四、第五の理由は、半世紀の間チベットを実効支配し続ける中で派生した理由である。

ことの是非はともかく、中国は、チベット占領後半世紀の年月と莫大な金を投じて、インフラ整備や開発を行なってきた。結果、当初は夢と思われていた鉄道の開通にこぎつけた。投資額は、青蔵鉄道だけでも331億元（約5000億円）ともいわれる。

その結果、2007年にチベット自治区を訪れた旅行者は400万人を突破（前年比60％増）、ホテルなどの観光用施設が整ったラサ周辺の観光による収入は前年比75％も増え、チベットの地域GDPの70％を占めるとのデータもある。

チベットの「観光地」としての歴史はけっして古いものではない。中国の占領後は、1981年まで、外国人の渡航を完全に禁じていたのだ。

これほど莫大な投資をし、まさに、「金の卵を産む鳥」となったチベットを、今さらみすみす手離せるはずなどないではないか。これが、第四の理由である。

第五の理由は、チベットへの世界からの注目度にある。

＊

中国政府がこれまで、国際社会の目から真実を遠ざけ、本音と建前を使い分けて進めてきたチベット政策は、いわば民族宥和《ゆうわ》政策の「ショーケース」であったのだ。

そのチベットがよもや独立、あるいは大混乱に陥れば、それは中国共産党の民族宥和政策の大失敗として内外に伝わるだけではなく、その影響は、他の少数民族に波及し、漢民族のさまざまな不満爆発の引き金にもつながりかねない。

古くからの歴史を振り返れば、中国では歴代政権のほとんどが、異民族の侵入や抗争、もしくは農民層の不満の高まりによって打倒されてきた。だからこそ、中国はチベット問題に、とくに神経を尖《とが》らせるのだ。

これは、チベット自体への執着というよりも、中国共産党が現在の一党独裁体制を死守するために絶対に譲れない、生命線としての「チベット問題」ということなのである。

第四節　チベット人は、世界は、何に最も憤っているのか？

民族をこの世から消し去る

「民族浄化（エスニック・クレンジング）」というショッキングな言葉がある。

ある民族が、別の民族集団を、この世から消し去ろうとする行為を指している。

この言葉は、１９９０年代初め、アメリカの戦争広告代理店が「ボスニアで何が起きているか？」を知らしめるために作り出したといわれる。今、チベット人やチベット支持者の間で、最も危機感をもって語られるのがこのことである。

「中国に占領されてから、１００万人以上のチベット人が殺されました。しかし、それと同じくらいひどく、ゆるせないことは、チベットを中国に変えようとしていることです。私たちチベット人の文化を、まるでこの世になかったもののように消そうとしていることです」

ダライ・ラマ法王日本代表部事務所のラクパ・ツォコ代表は、ごく穏やかな人物だが、私との初対面の折、憤りを込めてこう語ったのが印象的であった。

中国国内に住む若きチベット青年も、ダラムサラで出会った亡命チベット人2世も、皆、同じくこのことに憤り、強い危機感を抱いていた。ダライ・ラマ14世は、このことを「文化的虐殺が起きている」と訴えた。

悲しいことだが「民族浄化」の例は、歴史上も現代もいくつもある。

歴史上最も有名な例は、ナチス・ドイツのユダヤ人虐殺であり、近年の例では、ボスニアでのムスリム（イスラム教徒）虐殺がある。さらに現在、これも、中国政府が「手を貸している」と世界から非難を浴びている、アフリカのスーダン・ダルフールでの虐殺がある。

しかし、これらの問題よりもはるかに長期間にわたって行なわれた「民族浄化」だとして、国際社会から強い非難と危惧が寄せられているのが、中国のチベット政策だ。

＊

そもそも、「民族浄化」という言葉の意味するところは広く、事柄は多岐にわたる。

特定の民族集団を、①虐殺することのほかに、②強姦や強制妊娠などを伴う抑圧、③強制移住、④迫害による難民化などの手段によりその地域から排除しようとする政策、⑤直接の暴力を伴わない同化政策も、「民族浄化」に含まれるという見方がある。

恐ろしいことに、中国でのチベット政策において、ほぼ、これらすべてのことが長期間にわたって執拗に行なわれてきた、との訴えや報告がある。

チベットを中国にしてしまうという「戦略」

はなはだ気分の悪い話だが、チベットで行なわれてきた「民族浄化」の実例を挙げてみる。

①の「虐殺」については、中国の占領後、殺されたチベット人は、100万人以上とも120万人ともいわれる。

チベット亡命政府や欧米のNGO系メディアの発表では、2008年3月14日のデモの武力鎮圧によって亡くなった人は数百人にのぼる。これまでもたびたび、デモの武力鎮圧が大量殺戮につながっているという。

その筆頭に語られるのが、1989年、ラサでデモ鎮圧のために戒厳令を敷いたときのことである。このときチベット自治区のトップとして、鎮圧を指揮したのが胡錦濤・現国家主席だ。胡主席が、その「成果」によって出世したというのは有名な話である。

一度に多くの人の命が奪われるこうした事件以外にも、獄中死、おもに国境付近での射殺など、日常的に残忍にチベット人の命が奪われたというレポートは最近でも多い。

＊

「強姦や強制妊娠などを伴う抑圧」の例は、実数こそつかみにくいが、証言は数多い。

次の話は、在日10年の中国人（漢民族）から聞いたものである。

「占領当初、政府は漢民族を大勢チベットへ移住させましたが、高山病がひどく、とくに女性は不妊や流産が多かった。そこで今度は、土木工事や鉱山の作業員として漢民族の男だけを送り込み、チベット女性に、『中国人の子ども』を産ませるという方針に転換したんです」

なぜ、そんなことを？　と聞くと、彼は笑いながら、ぞっとするようなことを言った。

「中国は、中華帝国主義国家ですから。欲しいもの（チベット）をわがものとするためにそのくらいのことは当然やりますよ。それにチベット人は、宗教を持った独特な連中でしょう？　共産党にとってああいうのは邪魔だし、漢民族も偏見を持っています。しかも、中国の田舎には、貧しくて職もなく嫁ももらえない男が、イヤというほどいますしね」

漢民族の男性労働者が送り込まれれば、チベット人男性を失業に追い込むこととともなる。

「そうです。田舎の遊牧民はまだしも、ラサでは失業者の間にアルコール中毒が蔓延した。そうやって堕落させることも当局の狙いのうちだったのでしょう。チベット人に限らず、所詮、中国では、強い者や権力と結びついた者しか満足いく生き方はできません。それに比べたら、日本は天国みたいな国ですよ」

チベットでの血の「漢化」は、強姦や、既婚の女性を離別させてまで行なわれた。望まない妊娠をした女性が自殺などしないようにと、出産までの間、投獄したという話まである。強姦は、囚人、少女、尼僧と見境なく行なわれたという。

一方で、中国では70年代の終わりから「一人っ子政策」を実施しているが、チベット人のような少数民族には適用しないとし、複数の子を産めることになっている。

にもかかわらず、80年代に亡命したチベット女性たちの多くが、お粗末な銅製の避妊具を付けさせられていたという報告や、男女を問わず避妊手術を強制されたとの証言がある。

＊

「強制移住」の例は数え切れないほどあるようだ。2006年に開通した「青蔵鉄道」建設のためにも、多くの農牧民が強制的に町へ移住させられた挙句、仕事がなく、物乞いや売春婦になっている。

＊

「迫害による難民」は、今でも年間何千人といる。

チベットからの難民は大半が、国境の警備が手薄になる雪深い真冬に、ヒマラヤを命がけで歩いて越え、いったんネパールへ入り、そこから、チベット亡命政府のあるインド、ダラムサラへ向かう。

大人でも命がけの旅だが、難民の多くは、ちょうど学齢期に達した、6〜7歳の子どもである。親とともに亡命できる子は幸運。子どもだけ10人程度が案内人に連れられ、マイナス30度にもなる標高5000m以上の山を2週間以上も歩き通す。

道中、何人かは高山病や寒さで命を落とすという。命が助かっても凍傷で手足を切断しなければならない子どももいる。それほどの危険があっても、チベットの親たちは、子どもを送り出す。理由は、チベットにいたら、夢も希望もないからだという。

チベット人なのに、チベット語を習うことも、チベット仏教を信仰することも、チベット人らしい習慣の中で生きることも難しいからだという。

聞いているだけで息苦しくなる話だ。

私は、正直なところ、日本で、このヒマラヤを越える子ども亡命者の話を聞いたときには、半ば信じられずにいた。しかし、実際にダラムサラを訪れ、難民受け入れセンターや学校、街中で小さな亡命者に遭遇したとき、胸を刺されるような思いがしたと同時に、何か自分にできることはないだろうか、と初めて真剣に考えるようになった。

＊

チベットでの「同化政策」は、漢化（漢民族への同化）政策であり、共産化政策だ。チベット人は、チベットに住んでいるにもかかわらず、中国語による中国共産党的な教育を受けるしかない。チベット語で書かれたチベットの歴史など、論外だ。

過去には、多くのチベット人の子どもが、「中国の進んだ教育を受けさせる」という名目で、親から引き離されて中国各地へ連れて行かれ、何割かは戻って来なかった。

今ではこのような「教育拉致」は少なく、表向きは、チベット語の教育を禁止していないという。それどころか、農村部に次々と小学校が建設され、教育費の無料化などの政策も打ち出されているが、教育の主体は、依然、中国語による中国共産党的な教育である。

そもそも中国語ができなければ卒業後、仕事には就けないという現実があるのだから、チベット語学習はやはり添え物だろう。

昔のチベットでは、遊牧民の子どもたちは、僧侶らが開く「寺子屋」で、読み書きや初歩的な勉強を習った。中国の占領後も、僧侶が子どもたちを教えようとしたが、禁じられたため、おじいさん、おばあさんは読み書きができるのに、その子と孫はできないという家庭もある。

ことは子どもの教育だけではない。チベット文化のよりどころであるはずの寺院は徹底して監視され、僧侶は、中国の共産思想は仏教よりも上位にあると言え、と思想改造を迫られる。他者の文化を全否定し、この世から抹殺しようと、人の心を蹂躙《じゅうりん》する行為は、肉体を痛めつける行為よりも卑劣で残酷だ。

欧米から中国への非難と怒りの声は、長年にわたるこのような凄まじい民族浄化の行為とそれらを隠蔽するために国際機関の調査や取材を受け入れず、自分たちの正当性だけを強弁し続ける、当局に対して向けられているのである。

チベットは、現代の植民地。満州のコピー?

力を持つ民族が、弱い民族（もしくは集団）に対して、自らの文化伝統を受け入れるよう強いる政策は、歴史上に数多くあった。民族浄化は、往々にして、「植民地主義」と結びついて現われる。欧米の植民地政策でも、日本の戦前の植民地政策でもそれは見られた。

「植民地」という言葉を辞書で引いてみると、次のように書かれている。

――ある国からの移住者によって経済的に開発され、その国の新領土となって本国に従属する地域。武力によって獲得された領土についてもいう――（大辞林）

この文言に、状況を重ね合わせてみると、つくづく、チベットは21世紀の植民地なのだということがよくわかる。

たしかにチベットは経済的に開発された。しかし、それはまず漢民族が豊かになるための開発であり、チベットの人たちは土地を奪われ、心身ともに中国人に従属させられていると言わざるを得ない。

さらによく見れば、中国のチベット政策は、彼らがことあるごとに非難し続けてきた、戦前の日本の「帝国主義政策」をなぞったかのようであることにも気づく。

「帝国主義者から、チベットを解放する！」とのスローガンを掲げてのチベット進軍は、大東亜共栄圏構想に似た理屈だし、「青蔵鉄道」は、満州での鉄道敷設を連想させる。

ちなみに、領土問題を語るときによく問題とされる、「どちらが実効支配しているか？」という点について、実効度合いを証明するための常套手段が鉄道敷設である。

かつて日本は、満州（現在の中国東北部）に鉄道を敷設、100万人の日本人を移民させ、軍隊と軍事物資を運び、かの地の石炭や鉄鉱石といった地下資源を本国へ運搬した。

なるほど、中国当局のスポークスマンが、

「かつて他国を侵略し、人権を抑圧した歴史をもつ先進諸国が、中国の人権問題に口を出す資格はない」

などと言う真意も、よくわかる。

「かつて、あんたたちがやっていたことをやっているだけだ、一体何が悪い？」

というところだろう。

共産主義者は無神論者だが、中華思想の持ち主

「チベット問題」の根底を知るためには、弾圧を加えている側の中国人の社会実態、心理についても知る必要があるだろう。

中国人は、個人として向き合えば鬼でも蛇でもない。

それどころか、私はこれまで、賢くエネルギッシュで情に厚い中国人にたくさん出会った。しかし、中国社会全体として見ると話は違ってくる。

中国は世界で一、二を争う激烈な競争社会だ。何しろ13億以上の人間がひしめいている。うかうかしていたら弾き飛ばされ、目端の利かない人間は浮かび上がれない。

凄まじい生存競争の中で、唯物論的共産教育を受けた中国人は宗教を信じない。というよ

り、「信心」という感覚を理解できない。ご利益に直結する言い伝えを除けば、宗教は一種の「迷信」で、そんなものに頼るのは弱い人間のやることと考えがちだ。

特定の誰かが自分に何かをしてくれたという善意への義理は感じても、社会の善意などというものは信じない。金や権力には執着するが、社会貢献への欲求はきわめて希薄だ。このような性向は、歴史の中でつくられたものである。

よく、「中国五千年の歴史」などといわれるが、その歴史は、日本人が自国の歴史になぞらえてイメージする「一本の長い糸」のようなものではない。政権が変われば、その都度、民族単位での「総入れ替え戦」が起こり、前政権の血統は完全に絶たれてきた。

昨日まで白一辺倒だった社会が、ある朝、目が覚めたら、突如真っ赤に塗り込められていて、白の側にいた者は、一族郎党のみならず縁あるすべての者が根絶やしにされた。だから中国人は、敵味方に敏感で、自分を守ることに対して異常なほど躍起になる。

たとえば、ほんの40年ほど前にあった「文化大革命」という狂気の時代。

表向きは、「共産思想」の看板を掲げながらも、その実、言いがかりのような理由で、友人やお隣さんの裏切りはもちろん、妻が夫を密告し、子が親を密告することが奨励された。あの巨大な国全体が、破壊と恐怖、貧困、荒廃に覆われたのである。

貧しさと極度の人間不信の地獄。これをようやく通り抜けた70年代終わりには、今度は、経済開放の大号令とともに怒濤の経済競争が始まった。信じられるのは、自分とごく近い身内、そして金、権力。こんな考えに中国人が傾くのも無理もない。

すべては、為政者の失政、暴挙の果ての犠牲なのだと考えると、チベット人のみならず、中国人民すべてが犠牲者のようにも思えてくる。

そんな中国人の発想では、

「迷信めいた宗教を信仰する野蛮なチベット人に、有望なチベットの土地をまかしてはおけない。自分たちが賢く生かして使うのだ。チベット人にも、開発のおこぼれを分けてやれば、そのうち、『ダライ・ラマ』のことなんか忘れてしまうさ」

ということになるのであろう。

大半の中国人は、大真面目に「中国はチベットを豊かにしてやったのに、チベット人は恩知らずな連中だ」と発言する。つまり、一般の中国人に、「中国人がチベット人を抑圧している」との罪悪感はまったくないのだ。

「チベットを生かす」という奇天烈な使命感のもと、「西部大開発」プロジェクトは進められてきた。その「西部大開発」の目玉である「青蔵鉄道」の開通は、より多くの漢民族をラサへ運ぶこととなり、チベットの民族浄化の総仕上げを見せつけている。

2007年、香港の中国人権民主化運動ニュースセンターが、ラサ公安当局の情報として報じたところによると、2006年7月の青蔵鉄道開通後、ラサに住む漢民族が激増し、「中国化」がさらに進んだとのことである。

ラサの人口約35万人のうち、チベット人は約15万人、漢民族が約20万人。漢民族の半数は隣接する四川省出身で、ほとんどが鉄道開通後に流入、観光客相手のレストランなどのサービス業に従事しているという。

この鉄道開通後、チベットを訪れる旅行者は年間400万人にも達した。

そのうち、外国人での最多訪問者は日本人である。欧米人の中には、観光客を装いながらもチベットの実情を見てやろうという目的のNGO関係者、研究者、ジャーナリストも多いというのに、日本人は9割方が、お気楽な純観光客だそうだ。

世界最高地点を走る列車の旅は、たしかに魅力的な観光素材ではある。しかし私は、当分の間は、どうしても乗る気にならない。

第五節　チベット問題に口を出すことは、「内政干渉」か？

日本政府、メディアの「弱腰」を責めるだけでいいのか？

今日まで、チベット問題が日本で論じられなかった最大の理由。

中国に対して弱腰であり過ぎ、中国にとって都合の悪いことは何ひとつ話題にしなかった……と、政府やメディアを責める声が近頃大きい。これは、もちろん正論である。

今となっては驚くようなことだが、日中国交正常化後としては初めて、1978年にダライ・ラマ14世が、日本の仏教会の招きで日本を訪問しようとしたとき、日本政府は、いったん発給した訪日ビザを、到着の数日前になって取り消したという事件があった。1967年に初来日を果たしているにもかかわらず、である。

中国からの横槍で、当時の園田外務大臣の命によるものであった。

結局は、当時の福田赳夫《たけお》総理大臣（現在の福田首相の父）が外務大臣に指示して、ようやく3日間だけの滞在が許されたが、このとき日本の大手メディアは、この騒動ばかりか、ダライ・ラマ14世の来日を知らせることさえ封印した。

ちなみに、この78年は、中国の最高実力者にして、「経済開放政策」の生みの親、鄧小平《とうしょうへい》が日本政府の大歓迎の中、来日し、「日中平和友好条約」を批准した年である。

しかし、考えてみれば、2008年になってやっと「ダライ・ラマ訪日」は大ニュースとなったわけで、2007年11月の来日の際でも新聞等の扱いは小さく、単独でのインタビューを載せた新聞は、産経新聞とジャパンタイムズだけであった。

政府や大手メディアを「弱腰」と責めるのは簡単だが、そんな政府やメディアの弱腰をゆるしてきたのは、紛れもなく、われわれ日本国民である。

民主主義の国において、政府やメディアは、大体その国の国民のレベルに合ったものでしかない。国民は賢明だが、政府やメディアだけが愚かということも、その逆もあり得ない。

北朝鮮による拉致問題についても同じことを痛感したが、私自身も含めて、戦後の日本人は何かにつけ、あまりにも「事なかれ主義」だったのだ。政府やメディアを責めると同時に、そのことをまず、反省しなければならない。

これまで、政府、メディア、国民がこぞって、中国に弱腰だったワケ。それは、ひとえに中国との利害関係を損ないたくなかったからだ。つまりは損得勘定である。

政府やメディアの「弱腰ぶり」には、日中戦争、太平洋戦争時に迷惑をかけたという贖《しょく》罪《ざい》意識がベースにはあるとも言われるが、それは日本人の言い訳だと私は思う。過去のことは過去のこととして、今起きていることにも声を上げない弱腰姿勢は、日本にはヨーロッパのような市民意識がまだ醸成されていないことを物語っている。

現代の日本人の多くは高い教育を受け、さまざまなチャネルで世界の情報に接することができ、その情報を自ら取捨選択できる自由と強さを持ち合わせている。「政府やメディアが教えてくれなかったから」という言い訳はもはや通用しないのだ。

「人権問題」についての国際的な常識

さて、依然として「弱腰グセ」が抜けない日本の政治家や政府関係者が、チベットの問題について、はっきりとものを言わず、静観している理由は3つ考えられる。

第一には、チベット問題について知識がないということだ。

残念なことに、衆参両院の多くの議員がチベット問題について、胸を張ってものを言うだけの知識も情報も持ち合わせていない。

第二には、経済へのマイナス影響の懸念がある。すでに日本の多くの製造業が中国へ進出し、今後は、農産物や観光などについても、中国を有望な市場と想定している中で、政治家が中国の機嫌を損ねる発言をしたら、財界や業界団体から反発を招くのでは、との危惧があるのだろう。

第三には、本心は別だとしても、建前上、

「チベット問題は中国の内政問題。内政不干渉の原則から、口出しを控えるべきでは……」

との見識に基づく、静観であろう。

しかし、一連の世界的な騒動を見ると、日本以外の国際社会では、「内政不干渉」の見識は関係ないかのようだ。

「人道的な問題」に関する国際社会の常識を、たとえ話にしてみると、

――お隣の家から、夫婦喧嘩の大声が聞こえてきても、それは「ヒトサマの家の問題」として口出ししないが、もし、その家の養子が虐待を受けているとわかった場合、黙っていては「人の道」に外れることになる――

と、いうところだろう。

ご近所の家庭内の子どもの虐待は、児童相談所などの専門機関に通報すればいいが、国家による人権侵害となると、外部からの働きかけによって公正な対処がされることは少ない。

国連には、過去に幾度も深刻な人権問題を提起されているが、国家の壁を越えての「介入」となると、つねに大国の思惑に左右された。その結果、あるときは介入し、あるときは介入しないというダブルスタンダードに揺れていることも事実だ。

チベット騒乱に対するヨーロッパの反応

ここで、2008年3月のチベット騒乱直後の、ヨーロッパの反応をまとめてみよう。

［ポーランド］
3月17日　カリスキー議員が審議を主導し、選手の五輪参加は許可しても政府は不参加を選ぶべきとの提案をまとめる。トゥスク首相は状況が変わらなければ、カリスキー氏らの提案を真剣に考慮し、中国に対し批判姿勢をとることを表明。国会にダライ・ラマ14世との会見を要求。日頃は首相と対立することの多いカチンスキー大統領も、賛意を伝えた。

［ドイツ］
3月22日　シュタインマイヤー外相は、ヒトラー政権下で行なわれたベルリン五輪（1936年）に言及し、「昔とは事情が異なる。テレビで華やかな五輪を放映し、裏で騒乱が続いたままという事態は通用しない」と中国を痛烈に批判。

3月25日　与党キリスト教民主同盟所属のポレンツ連邦議会・外交委員長は、「ボイコットを排除すべきでない」と強調。これらに先立ち、独政府はチベット問題に抗議するため、地球温暖化対策支援の対中交渉を凍結、中国政府に事態の改善を強く求めた。

［英国］

3月25日　ミリバンド外相が五輪ボイコットに同調せずと表明したが、チャールズ皇太子は開会式欠席を表明。ダライ・ラマ14世訪英の際ブラウン首相、皇太子が会談の予定。

［フランス］

3月25日　サルコジ大統領は、「あらゆる選択肢がある」と語り、開会式のボイコットを示唆。調査機関CSAの世論調査では、53％が開会式ボイコットに賛成、反対42％を上回った。

［ベルギー］

3月26日　レインデルス副首相兼財務相は、「(五輪では)最悪の事態も排除しない」と述べ、開会式不参加を示唆。

［バチカン］

ローマ法王ベネディクト16世も復活祭のミサでチベット問題に言及。「人間性に対する災いはしばしば無視され、時に故意に隠される」と名指しは避けながらも中国を批判。

［ＥＵ］
３月28～29日　欧州連合（ＥＵ）非公式外相会合で、チベット問題を議題とし、「状況が改善しなければＥＵ全体で開会式をボイコットする」とのコンセンサス。

「損得勘定」は、人権より上位にあるのか？

「われわれ（パリ）は世界の人権を守る」

ドラノエ市長は、北京五輪の聖火リレーがパリを通過する日、市庁舎の正面に、このメッセージを掲げた。そして、事前の予想どおり、パリでの聖火リレーは大荒れとなった。

しかし、パリ市民の中には、

「この聖火リレーでの激しい抗議は、『人権』発祥の地フランスの、自由と平等を獲得するための市民革命の火の手が上がった街、パリの誇りの表現だ」

と言って、評価する人も少なくない。

「できれば穏便に通り過ぎてほしい」

という声も聞かれた日本の長野での聖火リレー前の国民の反応とは、天と地ほどのちがいがある。

近代フランスの出発点であり、フランス人の誇りの源でもあるフランス革命の基本的文書には、世界で初めて「人権宣言」が織り込まれた。

このときの「人権」の定義は、必ずしも今と同一ではない。しかしながら、「フランス人権宣言」以来、ヨーロッパは、「人権」についての問題提起と議論、人権擁護のための試み、そして失敗を積み重ね、つねに人権先進地であり続けた。

野党社会党出身のドラノエ市長としては、大企業の利害優先で、「中国寄り」といわれているサルコジ大統領に対して、「人権問題を思い出せ」との強烈なあてこすりをした、と見ることもできるが、それほど、フランスでのチベット問題への関心は高い。

私が、チベット亡命政府のあるインド、ダラムサラを訪れた際にも、街でいちばん多く出会ったのはフランスの人権活動家、ジャーナリストたちであった。

ところで、「内政不干渉」と「人権問題への介入」については、国連を中心にした次のような経緯がある。

「内政不干渉」は、国連憲章第2条7項に規定されている。

さらに、1970年の国連総会では「友好関係原則宣言」が採択され、

「いかなる国家または国家の集団も、直接または間接に、理由の如何を問わず、他の国家の

国内または対外問題に介入する権利を有しない」と謳《うた》われている。

一方で、東西冷戦が終結し90年代に入ると、人道的危機と呼ばれる事態がいくつも表面化した。この解決に向けた舞台となったのもまた国連である。

そもそも国連憲章は、第1条3項で「人権と基本的自由を尊重するように助長奨励することについて国際協力を達成する」を国連の目的のひとつとして掲げている。

1948年の世界人権宣言に始まり、1966年の国際人権規約が中心を成し、国連総会において、集団殺害、人種差別、女性や子どもの権利などに関する多くの条約が採択された。

しかし、いくら条約が採択、批准されても、それが加盟各国によって履行されなければ、絵に描いた餅である。残念なことに、国連加盟国の中には、自ら採択、批准した人権保障のための条約を履行していない国がある。

そういう国に対して、国連が主体となって解決に乗り出すこともあった。

たとえば1960年以降、国連総会や安全保障理事会は、南アフリカにおけるアパルトヘイト（人種隔離政策）を、人権に関する「国際的関心事項」として取り上げ、「国際平和および安全に対する脅威」と認定し、経済制裁措置を発動した。

冷戦終結後、「人権保障は国際社会全体の普遍的な義務である」との見方が広まるとともに、人権保障に関しての国際的な枠組みを強化・拡大しようとの試みは一層進んだ。1993年には、「ウィーン宣言および行動計画」が採択され、人権問題は国際社会の正当な関心事であり、国家には、人権を尊重し保障する義務があることを規定した。

しかし今日まで、世界中の人道的危機に対し、加盟国が非難はしても、利害関係を重視して介入をためらうことも多い。

被害者の証言や非難は繰り返しされながら、チベットでの人権侵害に対して、実効力を伴う介入が行なわれていないのはその典型的な例である。

21世紀に入って、「テロとの戦い」を前面に掲げたアメリカは、人権問題への無関心を決め込み、中国、ロシアも自国内の人権問題への介入を恐れて、アメリカに同調した。90年代に高まった「人権問題における国際協調」の気運は冷めてしまったかのように思われたのだが、ヨーロッパの世論はその流れをゆるさなかった。

市民の高い人権意識に支えられ、EU各国の政治家は「EU議会は人権の砦」とまで言い切った。そして、ヨーロッパは人権問題を「内政不干渉の原則」を超える最優先事項と考える、との決意をチベット問題への抗議を通じて、世界へ表明したのである。

日本の人権外交はお題目か？

実は、わが国政府も「人権」への決意表明をしている。

外務省のホームページ「外交政策」のページから、「人権・人道」の項目の「人権外交」をクリックすると、次のように書かれている。

［日本の基本的立場］

日本は、人権に関し、以下の3つの基本原則が重要と考えています。

(1) その達成方法や速度に違いはあっても、文化や伝統、政治経済体制、発展段階の如何に拘わらず人権は尊重されるべきものであり、その擁護はあらゆる国家の最も基本的な責務であること。

(2) 人権は普遍的価値であり、また、各国の人権状況は国際社会の正当な関心事項であって、かかる関心は内政干渉と捉えるべきではないこと。

(3) 市民的、政治的、経済的、社会的、文化的権利等全ての権利は不可分であるとともに相互依存的かつ相互補完的であり、バランスよく擁護・促進する必要があること。

日本政府は、人権擁護をあらゆる国家の最も基本的な責務と考え、それへの関心は、内政干渉と捉えるべきではないと明言しているのだ。

胡錦濤国家主席来日の折、パンダをレンタルする旨を告げられて、福田首相は

「日本国民も喜ぶと思います」

などと返答した。自国民の命が危険にさらされた毒ギョーザの件も、領土問題にも決着をつけず、そしてチベット問題への憂慮も明言しなかったわが国のトップは、この日本外交の基本的立場を忘れてしまったのであろうか？

第二章

「ダライ・ラマ法王」「チベット亡命政府」とは何か

第一節　ダライ・ラマ14世は聖人か、「暴動の首謀者」か？

結論から言おう。ダライ・ラマ14世が、中国側の言う「暴動の首謀者」ではないと、中国を除く世界中の人々が信じている。そしてたぶん、この信頼は正しい。

彼は、異教徒の多い欧米社会で、平和と慈悲を象徴するカリスマとなっていて、ノーベル平和賞、アメリカ議会のゴールドメダルを受賞している。

ところが、２００８年3月のラサでの騒乱鎮圧の直後、中国の温家宝《おんかほう》首相は記者会見で、

「ダライ一味が、暴動を煽動したという確かな証拠がある」

と強い調子で言い放った。世界のカリスマを呼び捨てにし、罵倒したのである。

ところが、その後、世界中から中国へ非難が向けられて風向きが変わったのか、胡錦濤国家主席の来日直前、中国政府は急きょ、ダライ・ラマ14世側との会談をセットした。そして胡主席は、日本での記者会見で、

「ダライ一味が、暴動を煽動した」

「ダライ・ラマ……」

と敬称付きで呼び、「首謀説」のトーンも微妙に変化していた。

温首相の言った「煽動した確かな証拠」は結局示されなかったが、一時、中国側の報道に、「暴動を起こした僧侶らのEメールの文中で、ダライ・ラマ14世は『おじさん』という隠語で書かれていた」

との情報があった。首相の口から出た「証拠」が、この「おじさん」という隠語ひとつとは、あまりにお粗末、と世界は一笑に付したが、私は、この「おじさん」という隠語に、まったく別の感慨を持ってしまった。

「おじさん」のように気さくな聖人

こんな騒ぎになる少し前の2008年2月、私は、チベット亡命政府のあるインド北部ダラムサラを訪ねた。

この折、ダライ・ラマ14世の説法を聞き、かなり近い距離で、姿、表情を見ることができた。その印象が、慈悲にあふれた「聖人」だ、と感じると同時に、はなはだ失礼な言い方で恐縮だが、気さくな「おじさん」のようにも感じられたのである。

72歳の聖人は、私のちょうど一まわり年上だ。少し歳の離れた兄貴か、若い叔父といった年の差感覚である。

同じ東洋人だから、風貌もわれわれとさほど大きな違いはない。何よりも、説法に集まった一人ひとりと目を合わせるようにして、ごく自然に笑いかける様子に、つい、「あぁ、おじさん、こんにちは」と声をかけてしまいそうな、そんな親しい雰囲気が感じられた。

私はチベット仏教についての知識は皆無だが、それでも、平易と思って聞けるほど説法の内容はわかりやすく、通訳を通して聞いても楽しいものだった。

ダライ・ラマ14世のざっくばらんでユーモアあふれる話し方は、騒乱後の2008年4月に日本へ立ち寄った折の記者会見報道でも証明済みだが、本職の説法でもほぼ変わらない。無邪気なジョークを交え、子どもにもわかるように話していた。

今あらためて感じることは、彼はそれほどに、すごい人間だということである。

仏教の中でも、とりわけ論理的な思考を重視するといわれるチベット仏教の最高位の修行を続ける指導者でありながら、5歳の子どもにもわかるように仏の道を説く。

半世紀以上にわたる艱難辛苦《かんなんしんく》を背負ってきた亡国の王でありながら、いつでもどこでもユーモアを忘れない。

ニューヨークやパリで説法を行なえば、何万もの人が詰めかけるカリスマでありながら、「おじさん」のように気さくで、清貧に生きている。こんなリーダーが、果たしてほかに何人、この世にいるだろうか？

ダライ・ラマとは、チベット人にとっての太陽

「チベット人にとって、ダライ・ラマという存在は、生き仏様であり、太陽です」

とは、亡命チベット人から聞いた言葉である。

人は皆、死を迎え、またこの世のどこかに生まれ変わるという「輪廻転生」の考え方は、チベット仏教以外のすべての仏教、ヒンドゥー教などの宗教にもある。

しかし、「生まれ変わり」によって選び出された高僧が宗教と政治の指導者となり、それを伝統として受け継いできたのは、おそらくチベットだけであろう。

チベット仏教には4つの宗派があり、ダライ・ラマは、そのうちのひとつゲルク派（黄帽派）のトップの僧侶である。しかし同時に、チベット全域の政教両面の最高指導者であり、チベット人から「観音菩薩の化身（生まれ変わり）」と信じられている。

ダライとはモンゴル語で「大いなる海」を意味し、ラマとは師を表わす尊称。起源は16世

紀にさかのぼる。

ダライ・ラマの称号は、モンゴル王アルタン・ハーンが、チベット仏教の高僧ソナム・ギャツォを師と仰いで贈った称号である。しかし、ソナム・ギャツォをダライ・ラマ1世とせずに3世とし、ゲルク派の始祖ツォンカパ大師の弟子ゲンドゥン・ドゥプパを1世とした。すでに幾度も登場しているが、現在のダライ・ラマは、ゲンドゥン・ドゥプパから数えて14代目である。2歳のときに先代の生まれ変わりとして見つけ出され、チベットが中国の軍事侵攻を受けていた1950年、16歳の若さで成人ダライ・ラマとなった。

歴代のダライ・ラマの中には、歴史に名を残した偉人が何人かいる。

とくに高名なのは、「偉大なる5世」と呼ばれるダライ・ラマ5世（1617~82年）である。僧侶としての偉大さに加えて、1642年モンゴル王の後ろ盾を得て、チベット史上初の政教両面の最高指導者となった。以来、ダライ・ラマはラサのポタラ宮を本拠としてきた。

偉大なる5世とは対照的な存在として、今も人気なのがダライ・ラマ6世である。偉大な先代の後だけに彼への期待は大きく、それに反発するかのように奔放に生きた人である。ポタラ宮を抜け出して女性と浮名を流し、ついにはダライ・ラマの地位を剝奪され、護送中に死んだとされるが、一方で、チベット史上最高の恋愛詩人として知られている。

今も作品が愛好されているだけではなく、チベットの人々は、偉大なるラマへの尊敬とは異なる、特殊な親しみを込めて「6世」を敬愛している。ダラムサラの書店でも、ノーベル賞受賞者である現14世の著書や、チベット仏教のテキストに混じって、6世の詩集が目立つ場所に山と積まれていた。

転生者を見つけ出すチベット独特の伝統

ダライ・ラマに限ったことではなく、チベット仏教の高僧は、先代のラマが没した後、僧たちによって、生まれ変わりの幼児が捜索される。

僧や霊媒師らによって、転生者が生まれる地名や場所の特徴が予言されると、その場所に出向いて年頃の幼児を探し出す。誕生したときのエピソードから、幼児の風貌、性癖を観察して、予言や先代の特徴に合致する子どもを選び出すのだ。

たとえば、現14世が探し出されたときには、誰も教えていないのに先代ゆかりの地名を言った、先代ゆかりの品物を選んだなどのことがあったという。

この転生制度こそが、チベット文化の重要なエッセンスなのだ。

生まれ変わりを信じることによって、現世で自分が背負っている苦しみを前世の因果と考え、よりよい来世を生きるための試練ととらえる。

チベット人は子どもの頃から、他人を羨むことや、貪欲になることをいさめられ、慈悲の心をもつことでこそ、真の喜びが得られると教えられる。それは同時に、よりよい来世への唯一の道でもある。

チベット人にとっての「月」、パンチェン・ラマにまつわる事件

ダライ・ラマが「太陽」であるのに対して、チベット人にとっての「月」とは、パンチェン・ラマである。ダライ・ラマ14世の肖像画を掲げることは厳禁の中国で、故パンチェン・ラマ10世の肖像画は時折見かけることがある。

パンチェン・ラマとは、阿弥陀仏（無量光仏）の化身と信じられる高僧で、チベットの宗教、政治において、ダライ・ラマに次ぐ存在である。

この称号は、1642年、ゲルク派を強化するために、偉大なる5世（ダライ・ラマ5世）が、自分の師に与えたことから始まった。以来、ダライ・ラマとパンチェン・ラマは交互に師となり弟子となってきたが、両者の関係は、つねに良好というわけではなかった。

中国共産党はチベット占領後、ダライ・ラマ14世とパンチェン・ラマ10世の関係を悪化させようと企んだ。チベット人の分断と、宗教や文化の破壊に利用しようとしたのである。パンチェン・ラマ10世は、ダライ・ラマ14世が1959年にインドに亡命した後も、中国に留まり、苦難の生涯を送った人である。

人民代表委員等に就任して、中国政府に懐柔されたかのように見えたが、「七万言の書」によって文化大革命を批判しようとして投獄され、80年代まで北京で軟禁状態に置かれた。さらに、ゲルク派の僧としてはあってはならないことなのだが、1979年に漢民族の女性と結婚し、一女をもうけた。中国側はこの子を「チベット族と漢族の架け橋」と宣伝し利用しようとした。

僧としての「破戒」である妻帯をさせること。公衆の面前で僧侶らに恥をかかせること。あるいは、チベット人が「聖なる山」と畏《おそ》れるチョモランマに中国国旗を掲げて見せること。

いずれも根っこは同じだ。

宗教や精神性を否定し、汚すことで屈服させようとするやり方は、文化大革命の時代から今に至るまで一貫した中国共産党独特の伝統破壊の手法である。

悲劇の人パンチェン・ラマ10世は、恥辱にまみれながらも自らの人生を生き抜き、文化大革命で破壊されたチベットの寺院の再建に力を尽くした。そして1989年、中国政府の用意した演説原稿を無視して政府批判の演説を行ない、その5日後に謎の死を遂げた。

彼の生涯は、チベット本土に残った多くのチベット人がたどった運命と重なり、その苦しみを象徴している。

中国四川省のとある街の商店で肖像を見つけ、「あぁ、パンチェン・ラマですね」というと、それまで無表情だったチベット人の女主人は、途端にはじけるような笑顔を見せた。

2人のパンチェン・ラマと活仏を管理しようという「政策」

そんなパンチェン・ラマをめぐって、チベット人の憤りをさらに掻《か》き立てる事件が起きている。パンチェン・ラマ11世をめぐる事件である。

10世の死後、チベット人の僧侶らは、亡命中のダライ・ラマ14世の意を受けて転生者の探索を始め、1995年、6歳のニマ少年を探し出し認定した。

ところが、中国政府は、この少年とは別の少年を、転生者、11世としてしまった。2008年のチベット騒乱後、突如マスコミの前に姿を現して、「愛国的」メッセージを述べたギエンツェン・ノルブ青年である。

一方、ダライ・ラマ14世によって認定されたニマ少年は、その後、両親とともに行方不明となってしまった。当初、この失踪への関与を否定していた中国政府はその後一転して、少年を当局の管理下に置いたことを認めた。

これは、ニマ少年の消息について、国連の「こどもの権利委員会」が行なった綿密な調査に対する返答という形で発せられた。

「ニマ少年は、分裂主義者によって連れ去られるおそれがあり、身の安全が脅かされているため、両親の要請に基づき、政府が保護している」

青年となったはずのニマ少年の姿は、今も公開されずじまいである。それでも、チベット人たちは、当局が擁立したパンチェン・ラマ11世を認めようとはせず、ニマ少年の無事をひたすら祈っているという。

第二節　ダライ・ラマ14世は、なぜ欧米セレブのカリスマか？

チベット暦の新年、世界中から人々が集まる

チャールズ皇太子、リチャード・ギア、シャロン・ストーン……。ダライ・ラマ14世を信奉する人々には、西洋人の超セレブが多い。それはどうしてなのだろうか？

チベット亡命政府のあるインド北部のダラムサラは、デリーから車で13～14時間。列車と車を乗り継いでも一晩以上かかる、山の上の僻地《へきち》である。それでも、慈悲のカリスマの現在の本拠を訪ねるためだけに、世界中から多くの人々がはるばるやって来る。

長い道のりを、乗り心地の悪い車に揺られながら、つくづく不思議な気がした。

私は、ビジネスマン時代に、東南アジアの楽園に莫大な金を投じて、世界中から人が集まるリゾートを開発する仕事に携わったことがある。だから、どんなに金をかけて快適な場所を作ったところで、それだけでは世界中から人を呼び続けることは難しい、ということを、いやというほど知っている。

「近年のダラムサラは、まるで観光地だ」

と悪口を言う人もいるが、観光気分の者にとっては、けっして快適な場所でも、楽しい場所でもない。やっぱり僻地である。しかし、最も寒い2月、ダライ・ラマ14世の説法が行なわれる時期には、ホテルの予約がとれないほど多くの人がこの町へやって来る。

すべては、チベット文化への憧れ、チベット仏教への傾倒、亡命チベット人への深い同情、からであるが、その引力の中心には間違いなく、ダライ・ラマ14世がいる。

清貧なたたずまいに見る、聖人の決意

ホテルの窓の正面に、通称「ダライ・ラマ・パレス」が見えた。

部屋に案内してくれたホテルスタッフに教えられたとき、一瞬、「え？　ウソだろ」と思ったほど、それは質素な建物である。ノーベル賞受賞者で、世界のセレブから敬愛される人の住まいとは、到底信じられない。

後日東京で、在日チベット人学者のペマ・ギャルポ氏にその感想を述べると、

「あれでも、昔よりはずいぶん豪華になったんですよ」

と笑われた。

散策がてら、「パレス」に併設されている、ダライ・ラマ14世が説法を行なうナムギャル寺に出かけてみた。寺の正門前は、修行僧、みやげや食べものを売る物売り、牛、物乞い、そしてわれわれのような「おのぼりさん」でごった返していた。

正門の中へ入っていくと、その両脇にも食べものやお茶を売る行商がいる。どこかで止められるだろう、と思って進んでいくと、結局セキュリティ・チェックも入館料を払う場所もなく、ノンストップで奥の本堂まで入って行けた。

外壁だけが黄色に塗られた、殺風景といってもいいほど、何の装飾もないコンクリートの建物。かろうじて、ご本尊とタンカ（仏画）があるから、「ここが本堂」とわかるぐらい、何もない堂では、老いも若きも関係なく、全員同じエンジ色の衣を着た修行僧たちが、ひしめきあうように座って勉強中だった。

空いた場所さえ見つけられれば、誰でもここへ来て座って瞑想していいのだという。もちろん、授業として行なわれるコースに入門するには手続きが必要だが、初心者でも入門できる2週間のコースもあるとの話であった。ただし、その場合は頭を剃り、ほかの修行僧と共同生活をしなければならない。

頭を剃っていない私たちでも、昼間のフリータイムには、ここで僧に混じって座って瞑想などすることができる。以前はよく、リチャード・ギアもここで座っていたそうだ。

何という大らかなシステムだろう。と驚いていると、3時(?)のお茶と軽食が配られ始めた。小学生、中学生くらいの食べ盛りの少年僧たちは、うれしそうにニコニコしてマイカップでお茶を受け、皿に甘く炊いた米を受けていた。

ほかの日にここへ来たときには、修行僧たちは小グループに分かれ、チベット仏教特有のディベートのような問答の修行を繰り広げていた。開放的で、厳しさと温かさが同居した、日本ではあまり見ることのない、寺の風景である。

装飾をかなぐり捨てる勇気の尊さを見せてくれる

ラサにいた頃は、いつも絹の服を身に着け、高い輿《こし》に揺られていたダライ・ラマ14世は、亡命して一切の贅沢から無縁となった。というよりも、自ら、そういった本質的でないものを削ぎ落としていくことで、人の道、仏の道の本質だけを追究してきたのだろう。

彼は自伝の中で、「チベットの伝統は変わった。チベットにいた時代とは、挨拶の仕方ひとつとってもずいぶん変わってしまったが、それは重要なことではない」という趣旨のことを書いている。自身は、ノーベル賞の授賞式でもアメリカ大統領に会うときでも、一介の修行僧が着ているのと同じ、あのエンジ色の僧衣姿である。

人はつい、上辺を飾って自分を奮い立たせようとする。あらゆる装飾を取り去って、純粋に中身だけで勝負しようとすることはどれほど勇気のいることか。菩薩の強い決意を、この清貧なたたずまいの中に、はっきりと感じとることができる。

仏教徒であろうがなかろうが、チベット人であろうがなかろうが、世界中からここを訪れる誰の目にもそれは明らかだ。

「私には、人々を癒《いや》すような超能力はない。透視する能力もない。普通の人間です」

「私は一介の僧侶です」

ダライ・ラマ14世は、たびたびこのような発言をしている。

飾りがないのは、服装や住まいだけではないのである。とかく、「特別な何かが見える」などと言い出す輩（本当に見える人もいるだろうが）や、「自分は特別」と見せる演出をしたがる輩が多い世の中で、「私は普通の人間」と言い切る強さこそが、本物の証として輝きを放っている。

「スター」として仰ぎ見られることを運命付けられた世界のセレブたちは、ダライ・ラマ14世の「真の人間として、内側から光り輝く姿」に心打たれるのにちがいない。

生きとし生けるものを救うために、慈悲と言葉で闘い続ける

観音菩薩の化身ダライ・ラマ14世からは、日本語の「観音さま」という言葉のイメージよりも精力的なイメージを受ける。血色がよく、72歳という御歳よりも若々しい。声には張りがあり、寒い中でも片肌が露《あらわ》なあの僧衣姿で、腕には筋肉がついている。

「あのお方は、毎朝4時に起きて、心身ともに鍛えていらっしゃる」

と、チベット人は言う。確かにそうだろう。人々を救う菩薩行は、微笑んでいるだけで済むような生易しいことではない。

亡命直後、ダライ・ラマ14世と側近は国際社会の支援を得ようと尽力した。結果、亡命政府の施設のための資金や孤児の里親など、欧米を中心にそれなりに大きな支援は得られたが、肝心の、祖国チベットを取り戻すことへの支援は得られなかった。

その間に、多くの同胞が苦痛と恥辱の中で死んでいったのである。どれほどの悲しみと無力感にさいなまれたことだろう。

「もういやだ」

と、自らの役割を放り出したくなったことはないのだろうか。

ダライ・ラマ14世はこれまでに世界60カ国以上を旅し、多くの宗教家、科学者、ビジネス

マンらと対話を行なってきた。話題は、宗教やチベット問題にとどまらず、この世のありとあらゆる問題へと広がっている。

対話の相手もまた、世界的に高名な宗教家や科学者から一般人の聴衆まで、実に幅広い。中には、個人的な相談事を持ちかける人、金銭のことや男女関係のことを質問する人もいる。そんなときでも、ダライ・ラマ14世は「ケムに巻く」ようなことをせず、宗教的な言葉も使わず、わかりやすく質問に答えている。考えても本当にわからないことには「私にはわかりません」と率直に答えている。

国籍も民族も宗教も職業も超えて、誰とでも率直に真摯に対話ができる。これが、ダライ・ラマ14世の世界的な人気の理由である。

そして、彼自身もまた、亡命の身となったがゆえに得た世界中の人々と対話から、新しい自己を発見してきたのではないか、とも思われる。

チベット人、欧米人、ロシア人、日本人、韓国人、台湾人、ごく少数の中国人……。私のまわりでは、何千人もの人間が冷たい地べたに座って、ダライ・ラマ14世の説法に熱心に耳を傾けていた。

彼が、チベット人だけではなく、世界中の人々の「心の太陽」であり続けるもう一つの理由。それは慈悲を説くだけではなく、自身が、人間として最も厳しい闘いを続けていることにある。

ダライ・ラマの言葉に次のようなものがある。

「怒りは、怒りによって克服することはできません。もし人があなたに怒りを示し、あなたも怒りでこたえたなら、最悪の結果となってしまいます。それとは逆に、あなたが怒りを抑えて、反対の態度――相手を思いやり、じっと耐え、寛容になる――を示すと、あなた自身穏やかでいられるばかりか、相手の怒りも徐々に収まっていくでしょう」

彼は、チベット人を苦しめる中国人にも救いがあるように、と祈り続けているという。武器を持つわけでも、人を恐怖で縛り付けるわけでもなく、慈悲の心と言葉をもって、彼は闘い続けているのだ。

ダライ・ラマ14世にとって、敵は中国ではない。社会のすみずみまでを、菩薩の心が光となって照らし、すべての生き物が救われるように。そのための、最も厳しい、自分との闘いを続けていると感じられることが、彼のカリスマたる所以《ゆえん》なのである。

第三節　ダライ・ラマ14世の求める「高度な自治」とは？

「国家元首」であるダライ・ラマ14世

「チベット仏教の最高指導者」。これは長らく、日本のマスメディアがダライ・ラマ14世を紹介する際に、枕詞のように使ってきた言葉である。この呼び方にも、中国への「配慮」がうかがわれる。

「私どもは、ダライ・ラマ14世を政治的な指導者と考えていません」ということをわざわざ断っているのだ。あるいは、「政治家としてのダライ・ラマの活動を報道しているわけではありませんよ」という逃げ口上と言ってもいいだろう。

日本メディアの事情はさておき、宗教の最高指導者であるダライ・ラマ14世は政治家でもあり、「国家元首」でもある。かつては兼務していたチベット亡命政府の行政トップとしての権限のかなりの部分を内閣総理大臣に譲って、「半分引退した」と表明している。しかし、今も亡命政府の資料には、「国家元首：ダライ・ラマ14世」と明記されている。

古来チベットでは、歴代ダライ・ラマが聖俗両面のトップだったのだから、これは当然のことである。現在の日本で「政教分離」が原則であったとしても、世界に、政教一致の伝統をもつ国があるのは別に不思議でもなければ、必ずしも「悪」でもない。

要はその国の国民が幸せであればいいのである。

ところが、中国共産党政府は「政教合一は悪」と決めつけている。その象徴ともいえる存在が、共産党によって「解放」される前のチベットであり、当時のチベットの支配者は腐敗を極め、庶民が搾取されていたと自国民に教育している。

私は、勉学熱心で純粋な中国の大学生から、

「先生、チベットが昔のような宗教と政治一体の国になったら、どうなりますか？　それはとんでもないことでしょう？　イラクのようになりますよね」

という、無邪気な勘違いを含んだ質問を受けたことがある。

「イラクのようになる、とはどういう意味か？」と聞き返すと、

「イラクは政教一体の腐りきった国だった。それで悪事の限りを働いて、結局アメリカと戦争になったのでしょう？」と真顔で詰め寄られた。

一体この大学生に、世界の動きをどこから説明したらいいのかと困り果てたものだ。

ダライ・ラマ14世の現実的な提案

「現実を受け入れるべきだ」

２００８年3月の騒乱鎮圧後、世界中から集中した非難の声に耳を貸さず、従来の姿勢を崩さない中国政府に対し、ダライ・ラマ14世はこう語りかけた。

情報が瞬時に世界を駆け巡る21世紀となった今、真の大国を目指す中国政府にとっては、民衆の声という「現実」に耳を傾けることこそが大切だ、という説得である。

一方、チベット人にとっての「菩薩」であるダライ・ラマ14世は、政治家としては、驚くほど現実的な考え方の持ち主のようだ。

中国による実効支配が40年に及ぼうかという80年代終わり、チベット人の感情としては到底受け入れがたい「現実」を、あえて受け入れることを決意している。１９８８年、「独立を要求するのではなく、高度な自治を求める」との声明を発表した（ストラスブール提案）。

国防と外交という国家の専権事項を中国に委ね、チベット地域での「完全なる自治」だけを望む、という要求に切り替えたのである。チベット亡命政府は、後にこの提案を「中道のアプローチ」として整理し、今も中国側へ提言し続けている。

領土を奪われ、国民の命と尊厳を奪われ、民族の文化が抹殺されようという状況。これほどの惨状が何十年間も続いた場合、むしろリーダーは最後の開き直りとして、より先鋭的に「独立」を打ち出すことも考えられる。敵の打倒を唱え、「手段を選ばず、最後の血の一滴まで戦え」と言い出したとしても不思議はない。

ところが、ダライ・ラマ14世はまったく逆の選択をして世界を驚かせた。「独立」というチベットにとっての「御旗《みはた》」さえ、降ろしてしまったのだ。

この提案は、ダライ・ラマの独断というわけではなく、70年代から、亡命政府の議員、閣僚、学者ら、多くの人々から意見を求め、議論を重ねてきたものだという。

チベットが本当に欲するものとは何か？

この世で一番大切にしなければならないものとは何なのか？

これらの答えとして、「必ずしも、かつての国家の体裁にこだわらない」との結論を出したのである。人間としての権利を保障され、チベット人として幸せに生きられること。チベットがその文化的な価値をもって、世界に貢献できることこそが大切という考えたのだ。「我欲を捨てる」というこの決断は、チベット仏教の僧侶らしい考えだともいえる。

それにしても、この提案は生半可な覚悟ではできないことである。

痛めつけられてきたチベットの民に、さらに「我欲」を捨てよう、と呼びかけることは、大きな反発を買い、問題解決の求心力を失う恐れさえある。しかし、この提案はチベットに突きつけられた2つの「現実」を受け入れるための苦渋の決断でもあった。

ひとつは、40年にも及ぶ中国の実効支配という現実。もうひとつは、弱肉強食の20世紀の世界にあって、独立国家を建設することは難しく、それを助けてくれるような「夢のナイト(騎士)」はいないという現実である。

ところで、チベットがこの厳しい現実を受け入れる背中を押すのには、あの鄧小平が一役買っていた。

1979年、鄧はチベットとの間の諸問題について、

「『独立』を除き、その他のすべての問題は話し合いで解決され得る」

と発言した。チベット側からすると、この申し出は、

「ダライ・ラマ法王が長年抱いてきた、チベット、中国双方にとって有益な解決策を見つけたいという信念に合致するもの」

と思われ、ダライ・ラマ14世も賛成の意を示し、中道のアプローチへと方針転換すべく、舵が切られた。

鄧小平はこの前年の78年、「日中平和友好条約」批准のため日本を訪れている。このとき

彼は、日本の経済発展を目の当たりにし、驚きを隠さなかったと伝えられている。

帰国後まもなく開催された「三中全会（中国共産党第十一期中央委員会第三回全体会議）」で、鄧は、改革開放路線への転換という歴史的大号令をかけた。この大転換には、訪日時の体験が弾みをつけたという見方もある。

鄧小平の出現によって「中国に開かれた時代が来る」との期待は、日本でも欧米社会でも大きかった。それは、ダライ・ラマ14世らにとっても大きな期待を抱かせる、新時代の到来の空気だったにちがいない。

しかし、その後もチベットに「開放」がもたらされるどころか、状況はますます悪化した。経済開放の中で、抑圧はよりひどい状況となった面もある。

中道のアプローチ

ダライ・ラマ法王日本代表部事務所の、ラクパ・ツォコ代表は、「中道のアプローチ」の前提について、次のように話した。

「独立して一国をなすというのは、大変なことです。外交、国防までをすべて自力でまかなっていく力は、チベットにはありません。だから、その部分は中国政府に譲って、内政だけを完全にチベット人の手に取り戻すことを目指しているのです」

この提案を、香港のような「一国二制度」と理解する向きもあるが、実際には状況はかなり異なる。

たしかに香港では、中国本土とはちがって、表現や報道の自由等が保障されることにはなっている。しかし、そもそも香港は、漢民族系の人々が築いた商業都市であり、異質な宗教的伝統や文化をもつ土地ではないのである。

毛沢東時代ならいざ知らず、鄧小平の「改革開放」政策が一定の成功を見せた中国政府にとって、商業都市、香港で起こるであろう要求はさほど恐れるに足らないのだ。共産党一党独裁を絶対死守したい政府にとって、それより恐いのは「宗教」である。これは、チベット仏教以外のすべての宗教への対応を見ても明らかだ。

つまり、中国流共産思想以外の「宗教」に走る人民が大勢出てしまっては困るということなのである。心の自由を得て、「当局の言うことを聞かない」民衆が出てしまっては、一党独裁は成り立たないからだ。

だから、チベット側にとっては大きな「譲歩」であるこの「中道のアプローチ」も中国側にとっては受け入れられないものなのである。

中道のアプローチの政策のおもなポイントは、次のようなものである。

(1)　チベット側は、チベットの独立は求めないが、「もともとのチベット」である3地域(アムド、カム、ウ・ツァン)すべてを「政治的独立体」とさせる。

(2)　チベットは将来、平和と非暴力の地域となることを目指す。それが達成されるまでの間、中国政府は防衛に必要な最低限の軍を置くことができる。

(3)　中国政府は、外交、防衛の責任を有するが、チベット内の宗教・文化、教育、経済、生態・環境保護などに関する全問題は、チベット人が責任管理する。

第一章第三節の「中国がチベットを手離したくない理由」を今一度参照していただければ、この要求を中国が容易にのむはずはないことも明らかだ。

今となっては、1979年当時の「独立以外の問題はすべて解決可能」との鄧小平発言の真意を本人に聞きただすことはできない。

しかし、鄧は、「改革開放」と言って経済だけを開放し、政治改革には手をつけずじまいであった。1989年、ラサでのデモを武力鎮圧し、天安門事件では、自国の若者を血まつりに上げて、旧来どおりの人権弾圧政策を踏襲した。今となっては、この事実こそが彼の真意を物語るものと理解するしかないのである。

第四節　「チベット亡命政府」には、憲法、内閣、裁判所がある

『独立手帳』を持っていた亡命者たち

２００８年3月のラサでの騒乱後の一連の報道で、被害者の数などを独自に発表し、日本でもようやく存在を知られた感のある「チベット亡命政府」。

その本拠は、現在、インド北西部のダラムサラという小さな町にある。ダラムサラのあるヒマーチャル・プラデーシュ州は、ヒマラヤの麓にあり、冬には雪も積もる。首都デリーとの距離よりも、パキスタンの国境への距離のほうがはるかに近い。

政府機関やダライ・ラマの邸宅がある「上ダラムサラ」は標高約２０００m、小さな家々が山の斜面にかろうじて引っかかるように建つ集落である。軽自動車がすれ違うのもやっとの狭い道路沿いには、近年増えたという観光客向けのみやげ物屋や喫茶店が並ぶ。

インドが英領だった時代には、イギリス人の避暑地だったという。それにしては、他の旧英領アジアの避暑地よりはるかに粗末な町である。インド随一といわれる雨の多さ、大きな

地震もあることから、大掛かりなロッジなどが建設されなかったせいだろう。

現在のダラムサラには、亡命チベット人だけではなく、海外からの観光客らを相手に商売をするインド人も数多く住んでいる。

亡命チベット人たちは現在、インドだけではなく世界各地に住んでいる。なかには、他国の国籍を取得している者もいるが、現在も増え続ける難民の数は総勢約13万人、最も多く住むインドには約10万人がいる。ちなみにぐんと少ないわが国には、60人前後のチベット人が暮らすのみである。

チベット亡命政府は、そんな世界中に散り散りになった亡命チベット人たちが自らの意志での献金によって支える「唯一の合法的な政府」である。

組織の設立は、ダライ・ラマ14世と側近らによるもので、亡命した1959年、最初に居を構えたムスーリーに設立された。ダラムサラに移転したのは、翌1960年のことである。

1970年代、各地のチベット難民たちは、各自の収入の中から毎年定額を政府に寄付するプロジェクトを始めた。寄付金額は、欧米等の居住者は高額に、インドやネパールの居住者は低額に定められている。

プロジェクト参加者全員が、亡命政府から各自に発行される「グリーン・ブック」を携帯する。この手帳は、寄付の履歴を記すものであるとともに、亡命チベット人のＩＤ（身分証）的な役割を果たすものでもあるという。

グリーン・ブックについて、在日チベット人学者のペマ・ギャルポ氏がエピソードを明かしてくれた。

「グリーン・ブックとは通称で、もともとは『独立手帳』という名前です。若い頃、私たちは皆で誓ったんですよ。『自分たちの手で祖国を取り戻そう』と。乾杯するときは『来年はラサで会おう』なんて言っていました」

そう言って氏は、実にさびしそうな顔をした。

私はあらためて想像してみた。祖国を失うとはどういうことだろうか。

かつて日本では「水と安全はタダ」と言われ、今ではそれもタダではないと言うときの引き合いに出される。一方、今も日本人が日常、意に介することさえなく、ごく当たり前のように「タダ」だと思っているもの。ひょっとするとそれが「祖国」かもしれない。

チベット亡命政府とは何か？

ダラムサラのチベット亡命政府の正式名称は、「中央チベット行政府ＣＴＡ（Central

Tibetan Administration)」という。

この英語名、Administration（＝管理機構）というところに注目したい。日本では、「政府」と通称しているが、あくまで臨時政府であり、ダラムサラに「国」があるわけではないので、Governmentとは名乗っていない。

チベット亡命政府は、亡命受け入れ国であるインド政府の「保護下」にある。一人ひとりの亡命者は、インドの法律に従って生活しなければならないし、商売で利益が出ればインドに納税もしなければならない。

しかし、多くの人がインド国籍を取得せずに亡命者として生活し、チベットに自由がもたらされ、帰国できる日を持ち望んでいる。

だから、ＣＴＡは、２つの大きな使命をもって活動している。第一には、亡命チベット人の社会復帰を助け、教育・福祉を守ること。第二には、チベットの自由復興を目指すことである。

チベット亡命政府（ＣＴＡ）の成り立ち

ＣＴＡは、来たるべきチベットの将来に備えて、近代的な民主主義制度を導入してきた。

その大元として、「チャーター（CHARTER―亡命チベット人憲章）」と名づけられた憲法がある。これは、現在の亡命チベット人社会の行動規範のように機能しているものであり、議会によって採択されたものである。

この憲法のユニークな点は、次の部分である。

(1)　自国の建国について「釈尊（ブッダ）の教義に基づいて建てられた」とし、ダライ・ラマを最高首長としているが、完全な信教の自由を保障している。

(2)　戦争と武力行使の放棄――これは世界でもいくつかの例があり、代表的な例はわが国の憲法である。

(3)　土地はすべて国家のものとし、その用途に応じて使用権を得ることができる、という社会主義的な考え方に基づいている。ただし、ほかの個人財産処分の自由はある。

この憲法では「三権分立」が約束されている。

【立法機関】

「亡命チベット代表者議会―ATPD（The Assembly of Tibetan People's Deputies）」と

いう、全チベット人の選挙によって選ばれた議員で構成される議会がある。

この議会の前身は、ダライ・ラマ14世亡命の翌年である1960年に発足した「チベット亡命議会」であり、その後、議員の選挙方法・定員などに改良が加えられた。

現在は、46名の議員で構成され、うち43名は亡命チベット人の直接選挙で選ばれる。3名のみ、芸術、科学、文学等の分野や社会奉仕で功績のあった者がダライ・ラマ14世によって直接任命される。

選挙される議員の定員は、地域、宗教宗派を考慮して決められている。もともとのチベットの3地域、アムド、カム、ウ・ツァンから、それぞれ10名。チベット仏教の4宗派とボン教からは、それぞれ2名。さらに、欧米在住者から3名（ヨーロッパから2名、アメリカ合衆国から1名）が選出される。なお、各地に散らばる主要なチベット人社会には、38の地方議会があるという。

選挙権は18歳以上のすべてのチベット人に与えられ、被選挙権は25歳以上のすべてのチベット人にある。

議会は、通常年に2回開催される。機能は、基本的にわが国の国会と同じで、法律の制定、修正や廃棄、行政府の働きをチェックするために、審議や質問を行なう。

【行政機関】

行政機関として、CTAには7つの省がある（宗教文化省、内務省、財務省、文部省、公安省、情報・国際関係省、厚生省）。各省は、大臣をトップとして行政実務を執り行なうが、2008年6月現在、大臣は5人いる（複数の省務責任者を兼務している）。

内閣は、「カシャック」と呼ばれる最高執行機関であり、チベット人社会に関連する問題を協議し、ダライ・ラマ法王とともに決定する。日本の閣僚と同じような役割だが、大きくちがう点は、チベット解放運動を先頭に立って推進するという責務が伴うことである。

日本では東京にある「ダライ・ラマ法王事務所」や欧米の事務所は、亡命政府の大使館的な役割を担う機関で、カシャックの中で外務省的な役割の「情報・国際関係省」の管轄である。おもに、チベット問題に関して、各国で広報活動等にあたっている。

総理大臣にあたる役割の首席大臣（カロン・トリパ）は、亡命チベット人全員の投票によって選ばれる。首席大臣は7人の大臣を指名することができるが、その際には、チベット亡命議会の50%の賛成を得なければならない。

【司法機関】

亡命チベット人社会には、「亡命チベット最高司法委員会」という「裁判所」がある。

実際には、亡命チベット人は滞在国の法律に従って生活しているので、もし、罪を犯せば、滞在国の法によって裁かれる。だから、この委員会は、刑事事件を扱うことはないが、滞在国の法に違反しない範囲で、亡命チベット人社会の民事問題を裁いている。司法の独立性を確保するために、司法委員会の最高位者3名は、直接ダライ・ラマ14世が任命する。

問題を起こした人間に、実質的な罰を与えることはできないが、ここでの審判は亡命チベット人に知られるから、「社会的制裁」を負うことにはなるのだという。

2008年2月、議会、行政府、裁判所を実際に訪れ、見学した。もっとも議会や裁判を傍聴することはできないので、建物を見ただけであるが。

質素な「村役場」のような建物の省庁。働く官僚たちも、人数がさほどいるわけではなさそうだ。しかし、外国人の出入りは多いため、亡命チベット人の官僚のほぼ全員が、英語、チベット語、インドの公用語のヒンディー語を話す。官僚の中には、亡命者とともに、インドで生まれた亡命2世もいる。

私の訪問時に、視察先への連絡、案内、通訳などのコーディネイト業務にあたってくれたのも、20代の亡命2世の有能な女性であった。

第五節　亡命チベット人学校に、教育の理想がある？

質素なレセプションセンター

ダラムサラ滞在中、亡命政府の情報・国際関係省のスタッフのコーディネイトで、関連施設をひととおり訪問することができた。

朝一番の訪問先は、レセプションセンター（難民受け入れセンター）であった。レセプションセンターは、ネパールとニューデリーにもある。

命がけでヒマラヤを越えて来る難民の多くがいったん、ネパールのレセプションセンターに入る。そこで健康状態のチェックを受け、必要な治療を受ける。中には凍傷にかかった手足を切断しなければならない人もいる。

体力が一定レベルまで回復したら、ダラムサラへ移ってくる。レセプションセンターに寝泊まりして、ダライ・ラマ14世との謁見の機会を待つのである。自由な世界への脱出が叶ったことを確認し、新しい世界での生活を始めるそのときに、「心の太陽」と仰ぐ法王に謁見し、祝福を授けてもらうのだ。

ダライ・ラマ14世は、世界中を飛び回る超多忙なＶＩＰだが、ダラムサラに戻っている間は、亡命して来たばかりの難民との謁見の時間をとても大切にしているという。

法王との謁見の後、子どもたちは難民学校に入り、大人は職業訓練などを受けられるよう手配され、それぞれの新しい生活の場へと移っていく。

ダラムサラのレセプションセンターは、鄙《ひな》びた町の中心にある、かなり古い４階建てのビルであった。半地下のような1階には厨房、２階には難民たちの部屋、３階に事務所、４階にはそのほかの用途の部屋がある。

まず、３階の事務所にお邪魔し、所長のドルジさんに話を聞いた。

50代のドルジさん自身、１９６０年代初め、６歳のときに祖父母、両親、弟とともにインドへ亡命した人である。当時は、亡命政府発足まもない頃。ダライ・ラマ14世の姉の尽力で、ようやく難民の子どもたちのための学校ができたばかりだったという。

「カリンポンのその学校に5年間通っただけです。だからあまり勉強は得意ではない」と笑い飛ばすように言うドルジ所長は、そうとは信じられないほど、幅広い話題を英語で話してくれた。

夢と希望を背負って、雪山を越えて来た子どもたち

近年の亡命者は、年間2500～3000人。とくに増えるのは、国境の警備が手薄になる真冬の時期だという。全行程徒歩で、15～20日かかる。

子どもや若い人が大半で、6～30歳が多いという。6歳はちょうど学齢期に達する年齢である。両親が連れて亡命する場合もあれば、親が自分の子を大人に託す場合もある。真冬のヒマラヤ越えだから、死んでしまう可能性も高いというのに、それを重々知りながら親たちは子どもを送り出す。

チベット本土では、チベット人としての教育も受けられない。仕方なく中国の教育を受けさせることを選ぶ親もいるが、それは、どうしても受け入れがたいと考える親が、占領後半世紀が経った今でも少なくないのだ。

親たちの中には、自分たちはチベット本土に残って仕事をしてお金を稼ぎ、子どもをインドで教育してもらう、という選択をするケースも少なくない。

そんな子どもたちに実際に会うのだと思うと、ドルジさんの話を聞きながらも私は、どこか落ち着かなかった。

ひととおりの話を聞いた後、難民たちの部屋へ案内された。男性用だという大きな部屋に

はぎっしりとベッドが並べられていた。１５０人くらい寝ることができ、多くが子どもなので2つのベッドをくっ付けて3人で寝るとのことだった。

午前の時間帯なので、部屋に子どもはいなかった。

その向かいにある、15畳くらいの小ぶりの部屋は女性用である。中には15～17歳の女の子が4人いて、おしゃべりをしていた。

「入っていいんですか？」と聞くと、女の子たちは「どうぞ、どうぞ」と笑顔で迎え入れてくれた。

目が合うと、恥ずかしそうに微笑んで、「タシデレ」とあいさつをする女の子たち。こんなに素朴でかわいい10代の女の子たちが、命がけで雪山を越えて来たことがやはり信じられなかった。

「最上階に行きましょう。子どもたちがいますよ」

と声を掛けられたので、ドルジさんの後を付いて階段を上っていった。階段はコンクリートむき出しで、相当に傷んでいる。

ダラムサラは、雨以外に地震も多い土地である。亡命チベット人がここに居を構えるようになってからも、大きな地震に見舞われ、ダライ・ラマ・パレスも一部が壊れて、法王も間一髪、落石に遭うところだったと何かの本で読んだ。

この建物では、大地震が来たらひとたまりもないのではないか、と余計な心配のようなことが一瞬頭をよぎった。

階段を上り終えると、目の前にベランダが開けていた。向こうには雪をいただくヒマラヤ連峰が見える。目の前には、私の膝ほどの高さの長いテーブルが置かれている。両側に十数人の子どもたちが座って、絵を描いていた。

何も言われずに見たら、日本の幼稚園か小学校でも見かけられそうな「お絵かき」の風景である。子どもの年齢は6～8歳。全員が1カ月ほど前、山を越えて来たのだという。

目の前の子どもたちは皆、清潔でかわいいデザインの服を着ていて、健康そうに見えた。一心不乱に画用紙に向かってクレヨンを使っていて、私たちの存在には一切無関心だった。

絵を覗き込んでみても、ほとんど他愛のない子どもの絵に見えた。ところが、ここへ着いたばかりの難民の子の中には、銃を持つ兵士の姿や、殴られている僧侶の姿を絵にする子もいるのだという。

話しかけてみたが、英語がわからないから通訳を通すことになるせいか、照れているのか、会話は弾まなかった。本格的な勉強を始める前のここでは、リラックスして絵を描いたり遊んだりして、自由に過ごすのだそうだ。

この子どもたちは、謁見後、難民学校へ入り、寄宿舎生活を始める。その日の午後には、この子らが入学する予定の「チベット子供村（TCV）」を訪問する予定になっていた。

学ぶために亡命して来る子どもたちの学校

最近、日本では「教育」が揺れている。

「受験戦争」時代に、落ちこぼれを作らないためにと踏み切った「ゆとり教育」。しかし弊害ばかりが強調される結果となり、塾通いが前提となるような、別次元の教育格差を生む元凶のようにも言われている。

そんな事情もあって、ダラムサラで最も訪れたかった場所が、亡命政府の文部省の管轄下で運営されている「チベット子供村（TCV）」である。

チベット子供村は、ダラムサラの町からは車で小一時間かかるところにある。人里離れた山の中に小学校から高校までの教室、運動場、体育館などの施設と寄宿舎があり、こぢんまりとはしているが、寺もある。

亡命者として生きていく運命を背負った人々にとって、教育は最も重要なものである。ダライ・ラマ14世だけではなく、法王の家族、側近も「教育の重要性」を亡命政府の課題の第一に掲げ、信念として実践してきた。

難民学校の創設には、ダライ・ラマ14世の実の姉が、当時のインド政府関係者への折衝から始まる、たいへんな尽力をした。その後は妹が責任者を引き継いで、現在のような形での運営を軌道に乗せた。

今は、ツェワン・イェシ氏が学校長を務めている。

子どもたちは小学校から、3カ国語をマスターしなければならない。母語はもちろんチベット語だが、国際社会で生きていくことを視野に入れているから英語を習い、現在はインドに亡命しているから、という理由でインドの公用語ヒンディー語も習うのだという。

年配世代の亡命チベット人は、独学のはずだが、かなり多くの人が英語を話す。

『セブン・イヤーズ・イン・チベット』の著者で、中国に占領される前のチベットに7年滞在したオーストリア人登山家ハインリヒ・ハーラーも、

「チベット人に備わった才能であるが、平然と4つぐらいの言葉を話す人がいる」

と書いている。

TCVで出会った小学校1年生6歳の子どもは、私たちの「歳いくつ?」「名前は?」と

いう問いにまったく臆するところなく、きれいな英語で堂々と答えてきた。

しかし私は、これを「チベット人特有の才能」ととらえるべきではないと思っている。おりしも今、日本では小学生からの英語教育開始に関して賛否両論がある。

私個人は、小学生から英語を学ぶことに対して、条件付きで賛成である。

反対する人の意見にも一理あるとは思う。たしかに今の日本の教育に関する諸問題は英語教育の低年齢化によって解決できる筋のものではないし、英語教育重視だからといって国語力を二の次と考えることがあってはならない。

しかし、好むと好まざるとにかかわらず、英語が「世界語」となっている現代で、どうせある程度習ったほうがいいのであれば、早いほうがいいというのが理由である。

英語を並行して習ったくらいのことで、母語の能力や母国の文化への無理解が進むなどという考えはナンセンスだ。むしろ、小学生から英語を習わせ、同時に国語の授業もレベルアップするよう工夫すべきではないだろうか。

仮に、小学校での英語教育導入後に全国の子どもの日本語力低下が起こったとしたら、それは英語を導入したからではなく、教育システムの根本が間違っているか、教育者の力不足ということでしかないだろう。

その証拠に、TCVの子どもたちは、とくに優等生ではなくとも全員が日常的な英語をきれいに話し、もちろん全員がチベット語を読み書きし、仏教を軸にしたチベットの文化、歴史を学ぶ。

少なくとも1割以上の子どもが僧侶を目指すという。つまり英語を話せる上で、チベット仏教やチベットの文化の専門家になるのである。

また別の成績優秀な子どもは、イギリスやアメリカの名門大学へ入学するという。当然、ここには学習塾も家庭教師もなく、それどころか、40~50人が一部屋で二段ベッドで寝起きしていて、落ち着いて勉強するための個室さえない。それでも国際的に通用する優等生が少数ではあるが、継続的に出ているそうだ。

今、日本の教育現場が失ってしまって、なかなか取り戻すのが難しいもの。それは、子どもたちの「学ぶ意欲」であることは明らかだ。「あれが足りない」「これが足りない」といろいろなものを「整備」した挙句に、一番肝心なものを失ってしまっているのである。

チベット子供村の教育方針

2月は、チベット暦の新年「ロサル」の時期であった。だから授業は休みに入っていて、両親も亡命してきている子の大半は、里帰りしていた。しかし、帰る家のない子、自分の意志で居残っている子もかなりいた。

子どもたちの衣食の面倒を見ている寮母さんたちと遊んでいる6歳の子どもたち数人がいた。柳の枝を切ってもらうと、それで縄跳びをして遊び始めた。われわれの幼い頃を思い出させるような原始的な遊びだ。

冷たい風の中で子どもたちは水洟《みずばな》をたらしていたが、カメラを向けるとポーズをとり、私たちに達者な英語で利口な対応をしてきた。

今どき日本で、水洟をたらした子どもを見ることはないし、柳の枝で縄跳びをする子どももいない。しかし、この子どもたちは、日本で大人が真剣に議論している「小学生での英語学習」を軽々とこなしているのだ。

そして、親と離れて暮らす難民の子どもという影は感じられない。不思議に思えるほどの明るさは、老いも若きも、亡命チベット人全員から感じられる独特の性質である。今思い出してみると、ダライ・ラマ14世のあの明るさに相通じる性質だとわかってくる。

校庭の脇では十数人の子どもたちが、荷物を運んでいた。高校生のお兄さん、お姉さんがリーダーとなり、小学生までが集まって、催しの準備をしているらしかった。「何の準備？」

と聞くと、「ダンスフェスティバル！」と答えが返ってきた。

この学校には、私たちのような突然の外国人の訪問者も多いので、子どもたちは慣れっこでわれわれの視線を気にするふうもない。

昔、ある共産主義国で小学校訪問をしたときのことを思い出した。明らかに外国人の訪問のためにシナリオを作って訓練したであろう子どもたちの、不自然によくできた振る舞いとは対極の、自然な振る舞いだった。

この学校では、週に1時限だけ「仏教」の授業があるという。その程度か？　と逆に驚いたほど時間数が少ない。そう学校長にぶつけると、「ほかに習わなければならない教科がたくさんあるのですよ。日本の学校だってそうでしょう」と笑う。

「ただし、ここではわれわれ教師以外にも、上級生や寮母さんも教師です。虫一匹でも生き物は殺してはいけない、などのチベットの伝統的な道徳観は日常生活の中で自然と教育されていきます。あなたの国のようにゲームもありませんから、子どもたちは仲間内で遊んで学んでいくしかない」

校長は、ときに辛辣《しんらつ》なユーモアを交えて、教育方針を淡々と語ってくれた。そして、特別な教育や偏った考え方を植えつけるような教育はけっして考えてはいないと強調した。生きていくために必要なことは、一定の知識、教養と道徳観、そしてそれらのバランスを取る能力だという。

この日の学校訪問には、80年代からダラムサラに住み、現在はチベット支援のNGOの代表を務めている日本人、中原一博氏が同行してくれた。

帰りの車の中で氏が言った、

「ここの子どもにも悪ガキはいる。でもグレないのは、何もないところだからグレようがないということもあるけれど、やっぱり子供心に背負っているものがあるせいだと思う」

そうだろうな、と思った。ここの子どもたちは、名前も書けない6～7歳の身で、未来を見つけ出すために命がけの体験をしたのだから。

もうひとつ、この子どもたちがグレないのは、同じ命がけの体験をして、その後ずっと闘い続けている親や大人たち、法王の姿を見ているからだろう、とも思った。

やっぱり、子は親の背中を見て育つものだ。それに比べれば、教科のコマ数などは、さほど大切なことではない。われわれ日本の大人は、英語教育の低年齢化の是非を議論するばかりではなく、自分自身が子どもたちにいい背中を見せて生きているかどうかを考え直さなければならないのだろう。

第三章

「チベット問題」から見る、これからのアジアと世界

第一節　もうひとつの大国、インドのチベット問題

インドは、世界最大の民主主義国

中国と並ぶ、膨大な人口と広大な国土、長い歴史をもつアジアの大国インド。この国にとってもチベット問題は他人事ではない。というよりも、チベット、中国という当事者に最も近い関係の第三者である。インドには、ダライ・ラマ14世が亡命し、チベット亡命政府の本拠もある。世界で最多の約10万人のチベット人が住んでいる国である。

だから、いくら世界における欧米の発言力が強かろうとも、インドを抜きにして、チベット問題の抜本的な解決はあり得ないと私は見ている。しかも、２００８年3月のラサ騒乱後のインドの対応は、われわれに多くの示唆を与えてくれた。

最近、日本ではインドへの注目が急速に高まっている。独特の宗教的伝統に彩られたインドは、日本人にとって身近な国とは言いがたいが、魅力的な国ではある。最近は「インド式数学」などで注目を集めた。

マスメディアなどでは、経済発展著しいアジアの大国として、中国と並び称されることも多い。しかし、インドが中国と決定的に異なるのは民主主義国家であるということである。

そんなインドが現在、チベット問題にどう対処しようとしているのかを見てみよう。

歴史上初めての印・中蜜月時代到来

２００８年３月、ラサで発生した騒乱暴動について、インド外務省は当初、中国政府と在印チベット人亡命者の双方に配慮し、慎重な態度を示した。

３月15日、ムカジー外相は訪問先での記者団の質問に対して短く答えた。

「政府として正式な協議は行なっていないが、ラサでの事態を注視している」

同日、外務省は、次のような声明を発表した。

「インド政府は、チベット自治区ラサで発生した騒乱を憂慮している。そして、すべての関係者による話し合いでの問題解決を望んでいる」

この声明の中で、インドの現政権が、チベットを「中国の自治区」と認める表現を用いたことは中国にとって成果であった。一方で、外務省報道官は、「罪のない人たちが亡くなっているという報道を受け、インド政府は心を痛めている」とも語っている。これは、インド在住のチベット人への配慮である。

チベットでの騒乱に対する、このインド政府の穏健姿勢をインドの主要メディアは、次のような見出しで皮肉たっぷりに報じた。

「中国にはお世辞を言い、チベットには弔意を告げる」（タイムズ・オブ・インディア）

「政府はチベット情勢に綱渡り状態」（ヒンドゥスタン・タイムズ紙）

数日後、中国の温家宝首相は、「ダライ一味が首謀する運動」に対するインド政府の姿勢に感謝しているとコメントした。さらに温首相は、

「中印関係においてチベット問題は、とても〝敏感〟な問題であるが、われわれは包括的合意に至っている。2国間の合意に基づき、インド政府が的確な判断をすることを望む」

と語った。

インド政府のこの「弱腰姿勢」を、ダライ・ラマ14世は、「あまりにも用心深い」と暗に批判するにとどめたが、インド野党からは厳しい批判が飛び出した。

かつて中国の占領から逃れたダライ・ラマ14世を受け入れ、中国と国境紛争をしたインド政府が、これほどまでに弱腰なのには、やはり経済事情が影響している。

長らく、インドの最大の貿易相手国はアメリカだったが、2007年、ついに中国がその

座を奪ったのである。２００７年の対中貿易額は約３８６億ドル。対米貿易額を約40億ドルほど上回った。

インドの対中貿易額はこの数年で記録的な伸びを見せていて、両国首脳は、４００億ドルとしていた２０１０年の両国間の貿易目標高を、６００億ドルへと上方修正した。ますますの印中貿易の増加を目論み、マンモハン・シン首相は２００８年初め、財界人同行、総勢40人を超える代表団での中国訪問を実現させた。

この協議には、スニール・ミッタル氏（バールティー・グループ会長）らの大物も参加している。シン首相は、中国財界の大物らと会談した。

現在のところ、インドの対中貿易額は年１００億ドル近い赤字であり、対米貿易額ではほぼ同額の黒字である。だからこそ、政府の後押しもあり、インド財界も自社製品の売り込みにやる気満々なのだ。

損得勘定の裏でもつれるインドの国民感情

「インドよ、お前もか」と言いたくなるような、経済事情に引きずられたインド政府の対中姿勢。ところが、わが国とは違って、インドの国会でこれが大問題となったのである。

外務省の声明から2日後、下院議会の冒頭で、最大野党・インド人民党（BJP）のマルホトラ議員は次のように発言した。

「中国政府によるチベットへの弾圧を〝文化の抹殺行為〟として糾弾すべきである。われわれは、インド政府が中国に対して断固とした姿勢で臨むよう求める」

対するムカジー外相は、

「死者が出たとの報告にショックを受けている。チベットでの諸問題が、対話という平和的手段で解決するよう望んでいる」

と、またもや中国に配慮する姿勢をうかがわせた。この発言に対して、マルホトラ議員は次のように厳しく迫っている。

「1週間で100人以上の市民が武力警察によって殺害された。これは明らかに中国政府による民族浄化である。インド国会は非難決議を行なうべきだ」

他の野党議員たちも中国政府非難の意思を表明した。

「中国による民族浄化に対し、インドは断固とした態度をとるべきだ」

「国際社会と協調して、チベットでの人権侵害を終わらせなければならない」

というようなものである。

これに対してもムカジー外相は、

「インド政府のチベット問題に対する考え方は、（ダライ・ラマ14世がインドに亡命した）1959年以降一貫している」

と述べるにとどまった。インド共産党左派などの一部左派勢力を除く野党議員はこのムカジー発言を不服とし、議場から一斉に退場した。

インドには「宗教文化大国」としてのプライドがある

インドは宗教の国である。いくつもの宗教が生まれた国であり、今もありとあらゆる宗教のるつぼである。最も多いのはヒンドゥー教徒だが、ターバンを巻いた姿でお馴染みのシーク教、ジャイナ教、イスラム教、少数だが仏教、カトリック教徒もいる。

そのために宗教対立は多く、時折大きな事件も起きる。それでもインドはどんな宗教も生き方も認める国なのである。

宗教や文化の異なる人々は時として「敵」になりがちで、激しい争いとなることもあるが、ここでは誰もがありのまま生きることを侵害されない。それがインド社会の大前提である。

インドの町を歩けば、路上で寝ている人をいやというほど見かける。貧富の差が激しいというネガティブな見方もできるが、見方を変えれば、この国にはどこででも寝る自由があるということだ。自由のない国では、路上で寝ることはおろか、物乞いだって勝手にやることはできない。

インドは仏教発祥の地。そんなインドへ亡命したのは、ある意味、必然であったとダライ・ラマ14世が述懐している。たしかにそうだろう。仏教の生まれた土地というだけではない。乱暴な言い方だが、インドには、聖人も、物乞いも、どこの誰でも受け入れる独特の受容力があるのだ。

もちろん、インドは生きていくのに楽な土地ではない。目を覆うような貧困もあるし、環境汚染、差別や宗教上の対立もそこここにある。しかし、権力による取り繕いや隠し立てが少ない。それが、インド人の誇りの源泉なのである。

宗教の国、誰でも受け入れる国インドの人々にとって、宗教を弾圧する国家や民族浄化政策は最も許しがたいものなのである。そして宗教の国インドにとって、ダライ・ラマ14世は50年経った今でも、「大切な客人」だ。

一連の騒ぎの中、ヒンドゥー教などのインドの宗教関係者とダライ・ラマ14世が、ニューデリーのマハトマ・ガンジーの廟で祈りをささげている様子がテレビに映し出された。そこでインドの宗教関係者は、何の発言もしていなかったが、それでも無言の強いメッセージが発せられたように感じた。

「わが国の発するメッセージは、政治家によるものだけではない。こうして宗教家が集って、よりよい世界のために祈りをささげ、知恵を出し合うのは人間にとって有益なことだ」

私にはこう聞こえた。そして感動的ですらあった。

日本の聖火リレーの会場となることを辞退した善光寺の対応と同じく、宗教者の静かなメッセージはやはり重いものがあったと思う。

インドと中国の積年の争いのその後

インドと中国の間には領土争いの歴史もある。その歴史は過去のものではなく、近年も再燃しかけた経緯もあるのだ。

２００８年1月、経済での印中蜜月をアピールしたかに見えたその翌月、中国が「インド領」を自国のものと主張する事件が起こったのである。インドのムカジー外相は、中国がインドのアルナーチャル・プラデーシュ州の一部（タワンを含む約9万㎢の領土）を、自国のものだと不当に主張していると述べた。

外相は、議会に対して次のような文書を提出している。

「アルナーチャル・プラデーシュ州は、インドにとって不可欠な地域である。インド政府はこのことを中国側に伝えている」

外相はさらに、両国ともに実効支配線を明確にし、合同作業部会、専門家グループ、国境警備隊、組織ミーティング、外交ルートなどを通じて、違反行為となる問題を取り上げることに合意したと述べている。

ちなみに印中両国は、印中実効支配線（事実上の国境）沿いの問題について、1993年以来、双方の立場を毀損せず、冷静な対応をしていくことで合意してきた。

このような問題が持ち上がった直後の、チベット問題への対応である。中国人とは異質だが、インド人にも面子というものがある。反対の意を示さなければ何のための議会か、ということにもなりかねない。

インドは、商工大臣の訪中をドタキャンした

2008年3月、インドではチベット人と支援者によるデモが相次いでいた。中国との関係維持に努めていたインド政府としては、亡命チベット人のデモ活動への取り締まりを強め

ていた。

ところが、ニューデリーの中国大使館敷地内にデモ隊が侵入する事態が発生したのである。中国政府はさっそく、在北京インド大使を呼び出して抗議。

その後、中国が4月中旬にインドで行なわれる予定の北京五輪の聖火リレー中止を検討しているとの報道も出た。この経緯と並行して、前項で述べた野党からの「チベット問題での対中宥和《ゆうわ》政策は屈辱的」という声明も出されていた。

さらに、インドの五輪代表サッカー選手の聖火リレー辞退表明まで起こったのである。ちなみにこの選手はヨーロッパリーグに所属し、「インドのベッカム」とも言われた有名選手でシッキム出身のチベット系だ。野党からの激しい反発、チベット系住民の反発、インドの世論の逆風を受けて、インド政府はついにこれまでの弱腰とは異なった対応を見せるに至ったのである。

3月下旬になって、ナート商工相が4月1日から予定していた中国訪問を中止したと明らかにした。貿易での損得を優先させたかに見えたシン政権の、貿易の責任者の訪中延期はそれなりのインパクトで中国に伝わったにちがいない。

インド政府は長年、中国を刺激しないようチベット問題に慎重に対応してきた。ところが、中国はそんなインドの足元を見すかすように、経済面でのさらなる関係強化を誓い合った途端に、インド領を自国領と主張するなどして揺さぶりをかけたのだ。

そんな中国へインドが放った逆襲の一矢。インドという国は、長い間他国の植民地となって、ひたすら搾取され続けているように見えながら、非暴力での独立という「離れ業」をやってのけた国である。

インドは目下、経済面での躍進ぶりで世界の注目を集めているが、チベット問題の解決という観点からも、目が離せない国なのである。

第二節　チベット問題に声を上げる中国の人々

東京でデモ、中国で知識人の抗議の声

２００８年のラサでの騒乱が鎮圧されてから、約１週間後の３月22日、東京六本木の中国大使館前でチベット問題への抗議デモが行なわれた。

これまでも時折、日本のチベット支援者によるデモはあったが、参加者は少なく、マスメディアに大きく取り上げられることもなかった。しかし今回は、参加者が１０００人以上となり、テレビのニュースもいっせいにヘッドライン扱いで報じた。

同じ日、中国で勇気ある人々が声を上げた。中国人の作家や文化人らが、チベットでのデモに対する当局の武力鎮圧に抗議する声明を発表したのである。

ラサでデモを行なったチベットの僧侶らと同様、まさに命がけの訴えである。声明に名を連ねたのは約30人。リーダーとなったのは、国際的にも著名な中国人反体制作家、王力雄氏である。

声明は「チベット情勢への対応に関する12の意見」と題されている。主旨は、チベット問題について「平和と非暴力の原則に基づいて民族の争いを解決し、中国政府は暴力的な鎮圧を即停止すべきだ」というものである。

この声明は、当局による情報統制をかいくぐり、中国国内のインターネット掲示板などに転載され、波紋を広げたという。声明には、注目すべきポイントが3つある。

第一のポイントは、中国政府の少数民族政策が失敗だったと断じていることだ。

声明では、1980年代のチベットでの抵抗運動がラサ地域に限定されていたのに対し、2008年の騒乱が各地に波及した点に言及している。

「政府のチベット政策に大きな誤りがあることが証明された。失敗した少数民族政策を改めるべきだ」

と明言している。

第二のポイントは、チベット情勢に関する徹底した情報公開を求めていることである。

中国当局が、「ダライ・ラマ14世が暴動を策動した」と主張していることについては「証拠を出すべき」とし、一連の騒乱について国連人権委員会等による調査を要求している。

一方で、王氏らは中国メディアの報道について、次のように非難している。

「チベット人によるデモでの被害のみを強調する報道となっている。偏った報道姿勢が民族の対立と憎しみをあおり立て、状況をさらに緊張させている」

そして、当局に対して国内外のメディアによるチベット地域での自由な取材活動を許可するよう求めている。

王氏は、あるインタビューで、中国国内の報道があまりにも偏向しているがゆえに、中国の民衆は扇動されやすい、というリスクを指摘していた。

王氏らの声明発表は、中国の一流知識人は中国メディアの御用報道を信用していないとの宣言だ。しかし、若者や民衆の多くは必ずしもそうではない。そして、「自称知識人」の大人の中には、中国当局の言い分の上塗りともとれる弁明をして、自分の身の安全と小さな利権を守ろうとする者も多い。

こういう輩はどうでもいいが、ダライ・ラマ14世が心配するように、「罪のない」中国の庶民や若者の誤解が問題なのである。彼らの中には、今回の騒乱を「悪者ダライが扇動し、野蛮なチベット人が起こした暴力沙汰」と本当に思い込んでいる者がかなりいる。

第三のポイントは、ラサの騒乱での疑惑にも言及していることである。ラサで騒乱が発生した3月14日当日、チベット自治区のトップがいち早く、「ダライ集団による犯行であることを証明する証拠をつかんでいる」と発表したことに注目したのである。

つまり、地元当局はデモ等が起こることを事前に察知していて、これを機にチベット人僧侶を弾圧するため、発生をわざと阻止しなかったのではないかと疑っているのだ。

中国で正論を述べること、無実の人を助けることは命がけ

王力雄氏は、中国の崩壊と再生を描いた小説『黄禍』で知られる作家である。一方で、不当逮捕されたチベット人僧侶を助ける活動などもしている。2003年には、新疆ウイグル自治区を旅行中に、国家機密漏洩容疑で拘束されたとも報じられた。

王氏の妻、ウーセルさんは著名な女流作家でチベット人である。30人での抗議声明発表の前日、アメリカ政府系メディア「ラジオ自由アジア」は、王力雄氏と妻のウーセルさんが、3月初旬から北京市内の自宅で軟禁状態になっていると報じた。

王氏・ウーセルさん夫妻をはじめ、中国国内で命がけの活動をする知識人、人権活動家、法律家らは、たびたび拉致されたり、不当に拘束されたりしている。しかし、そのたびに不屈の姿勢を見せて当局に対抗し、欧米ではすっかり知られた存在となっているのだ。

日本では、一連のチベット騒乱の報道への盛り上がりに乗じるような形で、ようやく中国

の人権問題が本格的に取り上げられるようになった。

中国のメディアが統制されているのは致し方ないが、今後は日本のメディアまでが一緒に統制されることのないよう、祈るばかりである。

中国共産党50年の歴史の因縁を見る思い

ロイター通信は、かつての中国共産党のトップ、故・趙紫陽元総書記の秘書を務めた鮑彤氏も声明を出したと伝えた。その中で鮑氏は中国政府に、ダライ・ラマ14世との対話に臨むよう促しているという。

趙紫陽総書記は、1989年に北京で起きた学生らによる「天安門民主化運動」の対応によって失脚した人物である。

趙は、民主化を求める天安門の学生らとの対話に臨み、当局の武力弾圧に反対し、当時の最高実力者、鄧小平の逆鱗に触れた。天安門事件直後の中共第13期中央委員会第4回全体会議（13期4中全会）で、「動乱を支持し、党の分裂を招いた」として全役職を解任され、2005年の死のときまで自宅軟禁状態に置かれた。

しかし、一説では、鄧はかつての右腕である趙に、「天安門での動乱鎮圧に反対した罪を認めるなら復帰を許す」という手紙を数回送ったという。ところが、趙は「反対は信念に基づいたもの」としていずれも拒否したと伝えられている。

このとき趙の補佐役として、ともに学生らの元へ出向き、話し合いに臨んだのが現在の国務総理の温家宝である。きっと鮑氏にとっても、馴染み深い人物であろう。

同じ1989年、現国家主席の胡錦濤は、チベット自治区の総書記としてラサでのデモを武力鎮圧し、出世街道へのパスポートを手にしたのである。

つくづく感じることは、中国共産党政権の半世紀の歴史が、あまりにも因縁に彩られているということだ。因縁としか思えないエピソードはほかにもある。

中国の現在の経済発展の礎を築いたのは、70年代終わりに経済の「改革開放」を唱《とな》えた鄧小平である。しかし、それより前の1975年から数年間、趙紫陽は鄧の故郷、四川省で「四川経験」と呼ばれる農業経営の請負制による改革を実施した。

「食い物が欲しければ、趙紫陽を探せ」との言葉が流行したほど、趙は、生産性を飛躍的に向上させたという。この手腕に鄧が注目し、中央の要職に抜擢したのである。

四川省といえば、その西側半分はもともとチベットのカムと呼ばれる地域だ。まさにチベット問題の「鍵」ともいえる地域なのである。そして、沿岸部よりも少々遅れて近年、経済発展の大波が寄せていた。そのために、この「因縁の地」は、近年、都市と農村の経済格差という中国が抱える最も深刻な問題の「集積地」でもあったのだ。

この数年間は、四川省各地でチベット人によるデモや抵抗運動が頻繁に起きていたと伝えられている。

中国のメディアを使った「お家芸」

2008年3月のラサ騒乱発生後、中国当局は案の定「反ダライ・ラマ・キャンペーン」を展開しようとした。ところが、これが滑稽とも思える内容だったために、逆に、中国の後進性を国際社会に知らしめてしまった。

とくにビックリしたのは、騒乱直後のチベット自治区の指導者（チベット人）の会見の模様であった。彼は引きつった表情をしながらも、ダライ・ラマ14世のことを「僧衣を着たオオカミ、人面獣心の悪魔」と罵倒していた。

この21世紀にあって、世界に開かれたテレビカメラの前で、民族のリーダーである人物を「オオカミ」や「悪魔」呼ばわりする。それこそ、一体どんな野蛮国のやることか、と思われるに決まっているではないか。世界を相手にしているはずの中国の指導者や当局が、そんなことさえわからなくなっていたのだろうか。

ダライ・ラマ14世の自伝によると、彼がインドへ亡命したばかりの頃、当時の中国当局は、彼のことをさかんに「僧衣を着たオオカミ」呼ばわりしていたらしい。これは、チベット問題における古典的な罵詈雑言なのである。

思い出したのは、北朝鮮のテレビ放送である。日本やアメリカが少しばかり厳しい姿勢を見せたときに必ず、アナウンサーが、「日本反動のやつらが……」とか、「悪魔のようなブッシュ」と怖い顔で叫んでいた。いずれが本家本元なのか別に知りたくもないが、これが共産主義国特有の宣伝手法なのであろうか。

中国で吊るし上げられた二人の若い女性

最近の中国で、「とんでもない女」としてインターネット上で吊るし上げられた二人の若い女性がいる。二人はともに20歳そこそこ。人間性は対照的とも思えるほど異なるようだが、吊るし上げられたという点で同じである。

一人はアメリカに留学中の王千源さんという女子大生だ。彼女が吊るし上げに遭ったのは、北京五輪の聖火リレー騒動がきっかけである。ヨーロッパでの抗議を受け、次にリレーの舞台となるアメリカで、中国人留学生らがこの抗議に「対抗」する動きが見られた。

王さんはかねてから、同じ中国からの留学生のチベット人学生数人と親しくしていて、チベット人の信仰や文化への理解を深めていた。そこへ突如、同じ学内でチベット対中国の「大ゲンカ」が持ち上がったのである。

チベット支援者にはアメリカ人学生も多かった。そのため王さんは、中国人学生らとの仲裁に入ろうとした。中国人学生に「中国人は、チベット人の訴えに耳を傾けるべきではないか」との説得を試みたために、「売国奴」にされてしまったのだ。

ネット上で彼女自身への誹謗中傷が飛び交っただけではなく、中国の両親までもが非難され、実家に汚物が撒《ま》かれたという。今、彼女は大学側の配慮によって警備付きで生活している。

もう一人の「吊るし上げられた女」は、中国の東北部在住の女性である。四川大地震の直後に、ネットカフェでおしゃべりした内容がテレビで放映されたことがきっかけだ。「災害が起こったのはよかったが、その後、テレビが関連番組ばっかりでつまらない」と発言したそうである。彼女はネット上で吊るし上げられるだけでは済まず、当局に逮捕された。

アメリカの王さんは、われわれの目から見れば、正義感にあふれる聡明な女性である。チベット問題をどう考えるかとか、政治的な意見のちがい以前に、学内での争いを止めようと仲裁に入る行為は、勇気の表われと称賛されるべきものである。

一方の東北部在住の女性は、この発言が彼女の本心であれば、たしかに問題のある人ではある。しかし、私はどうしても釈然としない。王さんが吊るし上げられたのは不当だが、東北部の女性は吊るし上げられて当然、ではないのである。

自覚の足りない一般人女性の無責任なおしゃべりがテレビで流れた。それに対して「不謹慎だ」「馬鹿者だ」という非難の声が視聴者から上がることはあるだろう。ただし、このことの責任を云々するならば、むしろ彼女の発言を放映したテレビ局の責任は問われないのであろうか？　まして、彼女が逮捕されたというのは、一体どういう法的根拠に基づいてのことなのだろう？

王力雄氏が懸念する「民衆の扇動されやすさ」とは、こういうことなのにちがいない。情報が統制され、あらゆることの良し悪しは権力者によって判断され、恐怖によって心を縛られていることが、「情緒不安定な民衆」を生み出すのであろう。

ふだんは、ひじょうに知的な中国人までもが、聖火リレーの際の各国でのデモ行動を、「中国人（自分）への攻撃」ととらえ、感情的になっていたことにもそれは表われていた。

私たちが隣国に対してできることは何か？

　残念なことだが、二つの「吊るし上げ事件」は、中国社会の人間性に対する無理解ぶりを物語っている。中国人個々には、人情があるにもかかわらずである。これはやはり体制の問題である。

　私は以前、中国の一流大学の日本語学科を卒業したばかりの女性通訳と次のような会話をしたことがある。

「日本では、子どものいじめ問題が深刻だそうですね」

　との彼女の質問に、

「そうだね。いじめは昔からどこにでもあるけれど、最近は陰湿化、凶悪化していることが問題だね」

　と答えた。すると彼女は、

「それは日本の社会全体がストレスの多すぎる社会で、陰湿だということですね」

と、たぶん何かの受け売りであろう分析をぶつけてきた。そこで私はたずね返した。

「中国も大変なストレス社会だから、いじめも激しいでしょう？」

　すると、彼女は真顔で、

「中国に、日本のようないじめはありませんよ！」

と答えたのである。私は、黙って彼女の顔を見ているしかなかった。この女性は真面目そのものの親切ないい人間である。日本語もよく習得している。

チベット問題は、民族ぐるみの残虐な「いじめ」だと日本人は理解している。アメリカにいながら、同胞に吊るし上げられた王さんは典型的ないじめの犠牲者だし、中国の歴史を見れば、あの文化大革命は、国家ぐるみの壮大な「いじめ地獄」であったはずだ。しかし、そんなことを中国で育った若い彼女に言ってどうなるものか。そういう無力感に襲われた。

実は本稿を書いている間に、この女性と話をする機会があった。そこで彼女に、アメリカでの王さんの事件について意見を聞いた。

「あの王さんという人は、『チベットが独立してもいい』という発言をしましたよね。中国人にとって、それは許せないことです」

との答えが返ってきた。繰り返しになるが、彼女は断じて悪い人ではない。

しかし、チベットへ行ったこともなく、チベット人の友人もいない彼女は、平然と、「チベット独立は中国人にとって許せないこと」と言い切ってしまえるのだ。当のチベット人がどう考えているかは関係なく、である。つくづく、教育とは恐ろしいものだと実感する。

中国では、体制の側に立っていれば、たとえ人を吊るし上げたとしても、それは「正義」なのであろう。中国のエリートたちからしばしば次のような発言が聞かれる。

「中国にはまだ無学な人が多く、残念ながらそういう人間はマナーも守れず道徳心もない」

彼らの発想では、チベット人の多くがそういう無学な人間に属しているのだろう。しかし、こんな考えはまったく的外れだ。その証拠に、私は中国の田舎で、漢民族も少数民族も関係なく、無学ではあっても礼儀正しく慈悲深い人に出会ったことがある。

これは世界中のどこでも言えることだが、残念なことに、人間の知識と礼節や慈悲は必ずしも比例はしないのである。

中国社会で、ヨーロッパ人が躍起になって訴える「人権」という概念は理解されていくのであろうか？　もちろん日本人だって偉そうなことを言えるわけではない。それでも、私たちは、一人でも多くの人間が幸せに暮らせる社会の実現を願って、折に触れて、チベットでの人権問題について正論を言い続けなければならないのである。

第三節　チベット問題とアメリカ、そして台湾

チベットがかつて展開したゲリラ戦とCIA

アジアの平和と安定――この問題の解決の鍵を握るのは、当のアジア諸国だけではない。ひじょうに強い影響力をもっているのは、世界の超大国アメリカである。アメリカがチベット問題にどうかかわってきたか、にはアメリカ自身の半世紀の歴史が色濃く反映されている。言い方を替えれば、チベットも、ほかの多くの国と同様、大国アメリカに翻弄されたということだ。

中国共産党軍がチベットへ侵攻した1950年頃、アメリカにとってのアジア問題の優先順位1位は朝鮮半島であった。韓国と北朝鮮の間で朝鮮半島の主権をめぐって起こった紛争に、アメリカを中心とした国連軍が参戦したのだ（朝鮮戦争）。

ちょうど現在、イラクに手一杯で北朝鮮に及び腰になっているのと似た状況だったのか、チベットに影響力のあったイギリスに遠慮したのか、とにかくこの時点でアメリカはチベッ

トの救世主にはならなかった。

しかし、朝鮮戦争を停戦させた数年後、1950年代終わりになって、アメリカはチベット情勢にかかわりをもち始めたのである。この頃、アジアにおけるアメリカの大命題は「共産化の阻止」であった。この大義のもと、同時期にベトナム戦争も始まっている。

＊

ダライ・ラマ14世は、「非暴力」のカリスマだ。それがノーベル賞受賞の理由でもある。だからこそ、チベット人の抵抗運動は、今は平和的なデモにとどまっているが、法王にもしものことがあれば抑制がきかなくなり、過激な行動に出る者もいるかもしれない。日本でもそんな趣旨の新聞記事がいくつか見られた。

こんな記事が出るのには、チベット人がかつてゲリラ戦を展開した歴史が少なからず影響しているかもしれない。

1958年、ダライ・ラマ14世がインドへ亡命する前年、中国の支配に反発した義勇軍が結成された。このゲリラ戦士の組織を「チュシ・ガンドゥク」という。4つの川と6つの山脈という意味のこの言葉は、現在、四川省の西半分に組み込まれている「カム」地方を指している。

義勇兵の大半は、チベット人の中で最も勇猛果敢といわれるカムパ（カム人）であり、そんなチュシ・ガンドゥクを支援したのは、アメリカのＣＩＡであった。支援は、武器や弾薬の提供だけにとどまらず、ゲリラ兵の訓練にも及んだという。

蔣介石率いる台湾の中華民国もチュシ・ガンドゥクを、援助したといわれる。

ダライ・ラマ14世がインドに亡命した後もゲリラ戦は続いた。ネパール北部のチベット人居住地域ムスタンが基地とされ、１９７４年まで続いたのである。

10数年で多くのチベット人の血が流れた末に、ＣＩＡのチベット抵抗運動の支援プログラムは打ち切られ、ゲリラ戦は中断された。このときダライ・ラマ14世は、「武器を置いて平和裏に降伏する」ようメッセージを送ったという。

ＣＩＡがチベットのゲリラ部隊への支援を打ち切った理由。それは１９７２年の電撃的なニクソン大統領訪中である。

泥沼化していたベトナム・インドシナ情勢打開のために、アメリカは、すでにソ連との関係が悪化していた中国と手を組むという離れ業に出たのだ。「反共」という大義の旗は突如下ろされ、チベット義勇軍は見捨てられた。

アメリカの外交とは、おおむねこのような「手のひら返し」の連続である。

冷戦時代には、ソ連と近い関係にあったインドを牽制するため、対立する隣国パキスタンを強力に援助した。その後、いったんパキスタンを見捨てたにもかかわらず、21世紀になって、「テロとの戦い」を標榜してアフガニスタンに攻め込む都合上、ムシャラフ政権を支援している。アメリカの都合に振り回されて、パキスタン情勢は今、混迷を続けている。

その後も時折、アメリカ、イギリスがチベット問題について中国への非難を強めることはあった。しかし、その都度必ず、「中国をたたくために、チベットを利用している」との見方が出るのは、このような歴史のためだ。もちろん、一部の政治家の中には、かつてチベットを見捨てたという「良心の呵責」のような思いもあるのかもしれないが。

騒乱から1週間後には、ダラムサラに飛んだアメリカ下院議長

2008年3月、ラサでの騒乱から約1週間後という早いタイミングで、アメリカ下院のナンシー・ペロシ議長がダラムサラを訪れ、ダライ・ラマ14世と会談した。

ダライ・ラマ14世と手をつないで散歩する女性議長の写真は、中国政府に相当のインパクトを与えたはずである。ペロシ議長はこのとき、世界に向けて声明を発表した。

「世界中の自由を愛する人々が中国の抑圧に反対しなければ、われわれは、人権について口

にする倫理的なよりどころを失う」

アメリカの政治家のこの手のメッセージは、いつでも惚れ惚れするほど立派だ。あとは、ご都合主義に流れることなく、つねに「倫理的なよりどころ」を重視した行動を期待したいところである。

イラクに足を取られたままの退任が見えているブッシュ大統領は、チベット情勢への中国批判のトーンは低く、北京五輪の開会式に参加すると表明した。

ともあれ、これが民主主義の力でもあるのだ。

中国のような独裁体制では、政府が白としていることを別の政治家が黒と断じることなどあり得ない。日本では、この手の行動が「二元外交」と批判されることもあるかもしれない。

しかし、二元外交も、時と場合によっては必要である。

「和戦両用」という言葉もあるように、要は国益を得られるかどうかが重要なのだ。この場合の「国益」とは目の前の経済的な利害だけではない。人権や民主主義という価値観を主張して、その流れに他国を同調させていくことも国益だからである。

一本気なだけで何の成果も得られなければ、子どもと同じだ。それは政治の世界でもビジネスの世界でも同じである。この手の二元外交を、日本の政治家はもっと参考にしてほしい。

結局、日本の野党議員からは、チベットでの問題に対しての自民党政権の対応を批判するコメントはほとんど聞かれずじまいだった。何のための野党か。一体、何のために「二大政党制を目指す」のか。まったくわからずじまいである。

「親中」へ舵を切ったかに見える台湾の苦悩

「中国における『チベット』というのは、台湾みたいな関係なのでしょうか？」

と、チベット人に質問したテレビ人がいたそうだ。

何とも情けない話である。

仮に、チベットが台湾と同じような状態であったら、チベット人は誰も命がけのデモなどする必要はない。そんなこともわからずに、テレビのインタビュー役という仕事ができるのは、世界広しといえども日本ぐらいのものだろう。

それとも、わからないフリの「やらせ」で聞いたのだろうか？

私は、こういう馬鹿げた質問が出るのも、「独立」という言葉のせいではないか、と思っている。「チベット独立」「台湾独立」――どちらも、中国政府が忌み嫌う言葉だが、かねてから、これはおかしいと感じていた。

現在、中華人民共和国に実効支配されているチベットが、「独立」というのはわかる。しかし、共産党との戦いに敗れた国民党が台湾に逃げて作った中華民国は、これまで一度も中華人民共和国に実効支配されていない。むしろ、台湾が中華民国に占領されたのだ。

中華人民共和国は、台湾を「台湾省」と地図上に表記して、「自国の一部」と主張しているが、これはあくまで主張である。台湾には独自の政府があり、独自の軍隊があり、台湾人はただの一度も中華人民共和国に税金を納めたこともない。

そして、台湾国民には完全な自由がある。

そんな台湾では、2008年3月、チベット情勢に世界の注目が集まる中、4年に一度の総統選が行なわれた。有利が伝えられていた国民党の馬候補が逃げ切り、台湾に「親中政権」が誕生した。

馬総統は、あくまで経済重視を主眼とした中国との友好であることを強調したが、台湾の行方はわからなくなってきた。それでも馬総統は、選挙戦の終盤、自らダライ・ラマ14世の肖像写真を掲げて、チベット騒乱で亡くなった人々を追悼するイベントに参加した。

「中国との友好を掲げてはいても、人権弾圧は認めない」とのアピールのためだろう。

台湾の未来には、日本の未来も映し出される。

アジアでの「自由主義圏」を守ること。それは、台湾人はもとより日本人にとっても重要な問題なのだ。ゆめゆめ、馬政権が中国にのみ込まれることになどならないよう、今後の台湾情勢にも日本人はもっと関心をもつべきだ。

チベットはけっして「台湾のような」状況ではないが、日本が台湾をどう考えるかは、チベット問題ともつながることなのである。

第四章

日本人と「チベット問題」

第一節　日本は、チベット問題をカードに使えばいい？

戦前、日本からチベットへ渡ったツワモノたち

極東の海に浮かぶ日本と、ヒマラヤに抱かれたチベット。

遠く離れた、いずれも隔絶された国同士。これまで何の付き合いもないように思われているが、実は戦前に、驚くほど特別な交流があったのだ。

20世紀初めのチベットに滞在し、特異な業績を残した日本人がいる。われわれ後世の日本人が範としたい、四人のいずれ劣らぬツワモノを紹介したい。

このうちの三人は僧侶やチベット仏教の研究者だから、ツワモノという表現は少々失礼かもしれないが、チベット行きの経緯、滞在時の活躍ぶりを知ると、まさにツワモノである。

その筆頭は、日本人で初めてチベット入国を果たした、仏教研究者の河口慧海《かわぐちえかい》である。河口は、それまでに中国や日本に伝わっていた仏教の経典の内容に疑問を抱き、インドの原典の内容をとどめているというチベット語の大蔵経を入手しようと、チベットを目指した。

1903年に帰国した河口は、翌年、チベットでの体験をまとめた『西蔵旅行記』を刊行する。この書は一躍人気をさらう。そして当時、彼が本当にチベットを訪れたとは信じられない、との真偽論争まで巻き起こったという。

ほかの三人がチベットへ渡った経緯には、ダライ・ラマ13世の意向が大きくかかわった。

現在のダライ・ラマの先代は、チベット人の間では「偉大なる13世」と呼ばれている。清の滅亡後、その影響から完全に離れたチベットを、バランスの取れた近代国家に生まれ変わらせようと、さまざまな改革を試みた人物である。

その試みの中で、当時、まともな軍隊とはいえなかったチベット軍の指導にあたり、近代化の参謀に任ぜられたのが、日本の軍人、矢島保治郎《やじまやすじろう》であった。

青木文教《あおきぶんきょう》は、仏教大学（現・龍谷大学）大学院生のときにチベットへ派遣された。ダライ・ラマ13世の信頼が厚く、最近、日本でも有名になったチベット国旗（雪山獅子旗）をデザインしたといわれている。

実際のデザイン作業は、チベット人との共同であったかもしれない。しかし、「日の丸」にとりわけ強い国家の思いが重ねられていた当時の日本から来た人物が、「国旗」の重要性を説き、作成に尽力したことは想像に難くない。

青木は、チベットを離れる前の晩、ダライ・ラマ13世と同室で就寝したほど現地に深く溶け込んだという。

青木と同時期にチベットに滞在した多田等観《ただとうかん》は、さらにユニークな人物である。

多田のチベットとのかかわりは、ダライ・ラマ13世が日本に派遣したチベットの留学僧3人の世話役兼日本語教師を任されたことに始まる。その過程で、多田はチベット語を習得し、留学僧に請われて彼らのインド行きに同行した。

インドでダライ・ラマ13世に謁見した多田は、ラサへ来るよう要請を受ける。1年後、イギリス官憲の監視の目をあざむくため変装して、ヒマラヤ越えの道をほぼ裸足で踏破。高山病に苦しみながらも、1カ月後ラサに到着した。

ダライ・ラマ13世は、多田の身をチベット三大寺院のひとつ、セラ寺に預け、国際情勢の説明役の地位を与えた。

これほどまでにチベットで厚遇され、重要な役割を果たした日本人がいたことは、現在の日本でほとんど知られていない。ひじょうに残念なことである。

しかもこの貴重な人的交流は、単なる個人ベースの友好には終わったのではない。

第二次世界大戦中、中国で勢力を拡大していた日本を攻略するため、英米の連合国軍が、チベットの国土を基地として使わせてほしいと要請したことがある。チベット政府はこの要請を、日本との友好関係を重んじて断ったのである。

日本とチベットの間の、こんな歴史もわれわれは学ぶべきである。

安倍前首相の勇気ある発言の背景

2008年5月、日本国中が冷めた気分で見送った聖火リレーの直後、胡錦濤主席が来日した。胡主席は、新たなパンダの貸し出しを申し出、福田首相は笑顔で応えて「友好再開」を演出しようと努めたが、やはり日本国民は冷めていた。

上辺だけの「友好訪日」の席で、唯一、胡主席に向かって、

「チベットでの人権状況に憂慮している」

と口にしたのが安倍晋三前首相である。

大きな期待を背負って首相になりながら、短期間でボロボロになって辞任した彼が、今回は、意義ある役割を果たしたと評価する声がある。

私も、総理時代の安倍氏の言動には首をかしげることが多かったが、この発言は、久々、彼のヒットだったと感じている。

いったん政治生命が潰《つい》えたかとも思えた安倍氏の、再チャレンジのテーマが見えたかのようだ。首相となる前、北朝鮮の拉致問題への取り組みで名を馳《は》せた安倍氏は、「人権を抑圧する者」と闘う「正義の味方」として、再び、多くの支持を得られるかもしれない。

そういう彼も、もし今、現役総理であったなら、中国主席に面と向かって苦言を呈するのは難しかっただろう。

場の空気に水を差すことも承知で苦言を呈することは、現役の総理ではないからこそできることだ。しかも、ほかの総理リタイヤ組は、「もう一度、政治家として何かをなそう」という野心のない、いわば好々爺の集まりだ。ここで自分が言わなければ、という使命感に奮い立ったのかもしれない。

安倍氏のこの発言には、彼の出自と関連するところもあるだろう。彼の父は故・安倍晋太郎元外務大臣、母方の祖父は、故・岸信介元首相である。

岸は、日米安全保障条約を調印・批准し、その後の安保反対闘争を招いた総理大臣として知られている。しかし、戦前には東條内閣の閣僚を務め、戦後、戦犯として収監されながら復権した人物でもある。

冷戦の激化を受け、アメリカが日本を「共産主義の防波堤」とするよう政策を変化したことで救われ、不起訴となったのだ。復権後の岸ら、戦前の旧体制派の政治家は、「反共」を掲げる保守政治家となる。当然、反ソ連であると同時に、「反中共（中国共産党）」であった。

１９７２年に日本が中国と国交正常化する前、日本は、共産党との内戦に敗れて台湾に逃げた中華民国政権と国交を結んでいた。保守系政治家の多くは、中華民国政府とのつながりが強く（現在も、一部の保守系政治家を「台湾派」と呼ぶのはこのため）、チベット亡命政府とのかかわりも持っていた。

第一章で書いたが、１９７８年、日中平和友好条約の調印準備にあたっていた園田外務大臣（当時）が、中国への配慮からか、ダライ・ラマ14世の訪日ビザを取り消す事件が起きた。このとき、福田赳夫総理に連絡して、入国できるようはからったのは岸である。

政治家としては、実父より祖父の影響を強く受けているという安倍前総理。彼のＤＮＡ、あるいは因縁が、胡主席への「憂慮」表明に一役買ったともいえるだろう。

ダライ・ラマ14世の言う「中国が受け入れるべき現実」

オリンピックへの期待感を運ぶはずの聖火リレーが、チベット問題での中国の悪いイメージの宣伝のようになってしまった２００８年４月。米国への旅の途中、ダライ・ラマ14世が成田へ立ち寄り、記者会見を行なった。

このときのダライ・ラマ14世は、いつものざっくばらんさで、「真実だけを話している」という迫力を感じさせた。敵である中国をなじることもなく、むしろ中国人民への気遣いまで見せる見事な会見ぶりで日本人を驚かせた。

会見の放映を見ながら、私は、およそ1カ月前、この騒動の発端となった3月中旬に行なわれた、温家宝首相の記者会見での表情を思い出していた。

温首相は、このとき、「ダライ一味がラサでの暴動を策動した確かな証拠がある」と強い調子でチベット側を非難した。しかしその顔には怒りではなく、どこか怯《おび》えのような表情がのぞいていた。

話が前後するが、この温発言の直後には、ダライ・ラマ14世は、

「そう思うなら、温首相自身がここ（ダラムサラ）に来て、納得行くまで調べればいい。われわれは何も隠さない。私の指紋だろうが唾液だろうが、何でも調べればいい」

と答えていた。

中国共産党政権を「一家」にたとえると、ダライ・ラマ14世は、胡錦濤国家主席や温家宝首相よりも数代前の、曽祖父くらいの人々とも渡り合ってきたツワモノだ。共産党の「情報

戦」におけるお家芸は、万事心得ている。

とりあえず繰り出されたジャブには、きちっとカウンターパンチで応えて貫禄の違いを見せつけておいたというところだろう。

中国の「情報発信」への対策には、この姿勢がお手本である。

まず、向こうの発言に感情的な反応はすべきでない。しかし、誤りや疑問と思われることがあれば、たとえそれが馬鹿馬鹿しいと思えるようなことでも、聞いたその場できちっと反論や疑問を返すことが大切なのだ。

この原則からすると、日本の福田首相の「毒ギョーザ事件」の際の発言は最悪だった。

「あちら（中国側）も真面目に努力していると思いますよ」

日本国総理大臣なのだから、別にあちらが真面目かどうかをコメントする必要はない。もちろん、確証もないうちから中国側を犯人扱いする必要もない。私の考えでは、次のようにコメントすべきだったと思う。

「現在、日本側の捜査は警察の手に委ねているから、私は個別の情報を云々しない。しかし日本国としては、国民の命にかかわる食の問題は非常に重要である。この件をウヤムヤのまま済ますことはけっしてない」

こういう強い決意を、繰り返し語ることが大切なのである。

ダライ・ラマ14世は、成田での記者会見で、中国政府の姿勢について、「何でも隠そうとするやり方は、もはや時代遅れだ」と言っていた。

世界が見つめるテレビカメラの前で、チベットの72歳のリーダーは、自分よりずっと若い中国のリーダーに向かって、「お前さんたちのやっていることは、時代錯誤だよ」と説いた。何という皮肉な場面だろう。半世紀前に「遅れているチベットを解放する」と言って進軍した中国共産党が、今は逆に同じ批判を受けている。

経済がどんなに発展しても、異なった価値観を認めることができない国を、世界が「大国」と認めることはないだろう。問題が起こったら、その経緯を説明すらしない社会は、「遅れている」と言われても仕方がない。

中国が、真に先進的な大国へと進化するために不可欠なことは、情報公開である。ダライ・ラマ14世も、国際社会も、善意でそう忠告しているのだ。この歴史的な皮肉には、日本も大いに学ぶべきところありと感じるのだ。

人権重視の日本の姿勢は一貫している、と示すことが大事

２００８年5月、四川大地震が発生した。被災した多くの方々は本当に気の毒である。この大災害に際しても、中国政府の対応にいくつかの疑問が呈された。

最初に批判を浴びたのは、共産党の機関紙「人民日報」が、「感動的なシーンや、指導者や軍が救済に努力しているところを積極的に伝えるよう」と呼びかけたことである。しかも中国メディアが実際にそうしたことである。

被災地での状況を伝えず、指導者の姿ばかり繰り返し映し出されるのにはイライラした、と四川省出身の中国人が話していた。

日本は、中国側の要請を待って国際救援隊を派遣した。その真摯な活動ぶりに中国の人民から感謝が寄せられ、「この救援活動によって反日感情が消えた」との報道になっていた。

中国の反日感情に関するこんな報道は鵜呑みにできるものではない。風向きが変われば、「反日」はまたぞろ必ず出る、と私は見ているが、それよりも考えなければならないのは、われわれ日本人の考え方である。

世界のどこかで大災害が起これば、救援隊はもちろん派遣すべきである。被災国が中国であろうが、ほかのどの国であろうが、必要とあらば日本は助けに行く、というのが原則だ。

事実、これまで日本の救援隊は、台湾やパキスタンの地震の折も派遣されている。「今ふたたびの友好」に水を差すつもりはないが、日本は、被災国が中国だから「特別に」行ったというわけではないのだ。

中国にとっては、今回、史上初めて外国の救援隊の派遣を要請し、その第1号として日本を受け入れたとの「特別な」事情があるだろうが、われわれ日本の側は、これを特別な「感動物語」や「友情ゆえの話」にすべきではない。

日本は、人の命や人権にかかわる問題には、世界中どこへでも飛んで行って助ける国。この信念を実践したに過ぎないと考えるべきなのだ。

ましてや、この支援によって反日感情が消えたかどうか、などとケチなことを気にすべきではない。災害復旧支援は、見返りなど期待せずに行なう人道的な活動なのだから。

この信念を全国民で共有し、一貫した行動で示し続けることが重要だ。そうできるのなら、政治家たちも中国に、チベットでの人道上の懸念をはっきりと表明できるはずである。

ダライ・ラマ法王事務所のラクパ・ツォコ代表は言う。

「日本政府が中国に遠慮する理由は私たちもわかっています。しかし、ときには〝チベット問題〟をカードに使えばいい。ドイツのメルケル首相は、法王と会談したことで、中国政府からは非難を浴びましたが、国民からの支持率を大幅にアップさせましたよ」

胡主席訪日前の日本の一部報道は、福田政権がチベット問題等で中国政府に厳しくものを言わない事情を、これは現実的な外交であって、大局観に基づいた対処である、と推理していた。

「チベット問題で〝貸し〟を作って、ほかの問題で取り返そうとしている」

との見方まで紹介していた。

今までの「実績」を見る限り、日本政府が中国相手に「貸しを取り返す」などというハイレベルの芸当ができるのかは、はなはだ疑問だ。そういう持って回った交渉術よりも先に、まずは日本外交の原則――人権重視の原則を思い出すべきなのである。

第二節　日本はチベット問題に、どう向き合うべきか

欧米やインドの対応から学ぶべきこと

1961年から今日までの間に、チベット問題に関して数回の国連決議がなされている。ヨーロッパ諸国、アメリカ、カナダ、オーストラリアなどの議会では、延べ数十回にものぼる「チベットでの人権問題に関する決議」がなされている。(中国への非難決議含む)

一方、内政問題ではもめてばかりいる日本の国会は、対中外交に関してだけは「弱腰」という一枚岩で与野党がまとまっている。

世界各国におけるチベット問題への政治的な対応、あるいはインドでの対応から、日本政府および国会議員は大いに学んでほしい。そして、一気に「非難決議」まではこぎつけられなくても、せめて、日本の国会でチベット問題をまともに議論してほしいと思う。そうなるよう「圧力」をかけられるのは、われわれ有権者だけなのである。

日本の政治家が、中国相手には「だんまり」となってしまう理由を即座に3つ挙げられる

が、そのいずれもが的外れであることもまた明らかである。

第一の理由は、過去への贖罪意識という隠れ蓑を用いた「臆病」であろう。歴史を鑑《かんが》みて未来への糧とすることはもちろん大切だが、過去と引き換えに今起きていることに目をつぶるのはただの臆病者か、無責任な人間である。ちなみに、アヘン戦争で中国に甚大な被害を与えた過去をもつイギリスでは、そのことによって中国に遠慮している節はあまり見られず、チベット問題での中国批判にむしろ積極的な政治家もいる。

第二の理由は、日本人全体に、国防を自力で担っていないことへの一種の引け目がある。そのためか、自分の国を自分で守るという気概が希薄で、だから、こと国家の主権が絡む大問題の際にも他国にはっきりとものを言えなくなるのである。

たしかに、軍事力は強い外交姿勢の裏打ちともなるが、その点は、発想を変えるべきなのである。個々の日本人が好むと好まざるとにかかわらず、今日の日本は、世界最強の軍事力をもつ米軍との同盟によって自国を防衛している。このことをことさら卑屈にとらえるべきではない。この同盟は、目下のところ日本にとって最も有利なアウトソーシングだ。こう考えて、言うべきことは言えばいいのである。

第三には、第三章でも触れたとおり、日本と中国との経済関係を重視し過ぎているがためのことだろう。この点については、この後の項でもう一度じっくりと考えてみたい。

いま一度、日本政府の「弱腰外交」について考える

中国との経済関係が強まっているのは日本だけではない。欧米諸国も同様である。ただし、その内訳は必ずしも対日関係と同様ではない。

最近の5年間の中国の主要国との貿易額の変化を見てみよう（185ページ参照）。対日貿易では、2002年時点での赤字が2007年には小幅ながら拡大している（対ASEANも同じ傾向）。一方、対米国、EU貿易では、2002年時点での黒字が2007年までに飛躍的に拡大している。大ざっぱにいうと、日本にとって中国は「お客様」だが、欧米にとって中国は「売り手」なのである。

これでは、日本の発言力が欧米より弱くなるのも致し方ない、という見方に傾くのは少々短絡的である。もし中国への発言力をビジネスでの力関係と関連づけて計るのなら、この貿易額のデータだけで決めることはできない。日本から中国への輸出の中には、中国に進出している日系企業が重要な部品等を日本から輸入している分もかなり含まれている。さらに、こうして製造された中国製品が欧米への輸出にまわっている分も相当ある。日本からの輸出

■中国の主要国との貿易関係　（単位：億ドル）

	2002年		2007年	
	輸出	輸入	輸出	輸入
対米国	700	272	2327	694
対EU	482	385	2213	1060
対ASEAN	236	312	941	1084
対日本	484	535	1021	1340

中国商務省統計より（EUは95年までに加盟した15カ国の合計）

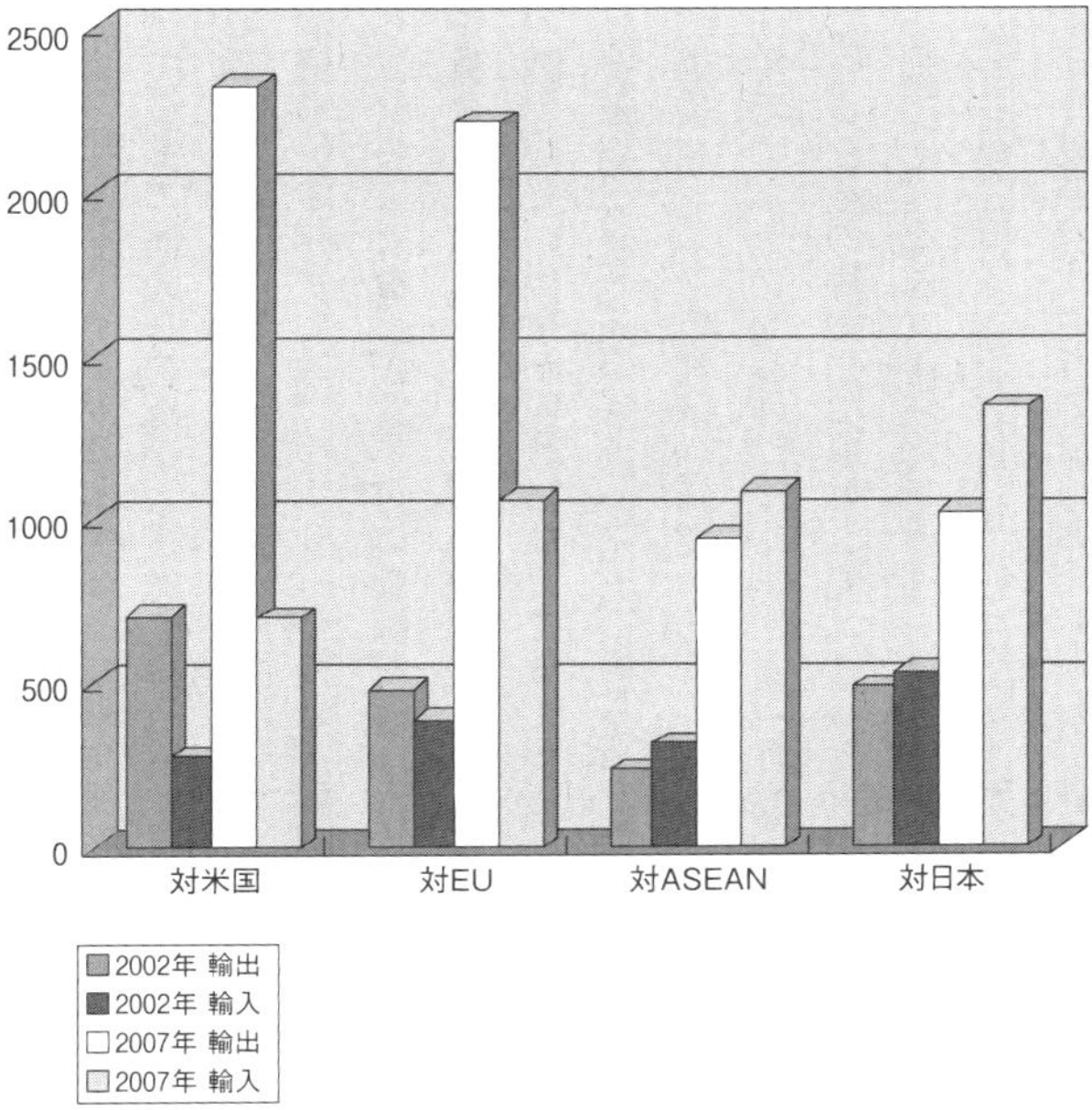

品が、中国の対欧米の商売を助けているという面もあるということだ。

そもそも、どちらかが一方的に得をしているだけの関係なら、長期にわたって成り立つはずはない。双方にメリットがあってこその商売なのだから、過度に遠慮する必要はない。

そもそも中国経済は、海外からの投資（金）と技術によって高成長を維持してきた。それでもまだ、職にありつけない人が億単位で存在する。つまり、今後も、外国から金と技術を呼び続けなければ、全国民を食べさせることなど到底不可能な国だということだ。

ところが、近年、物価の高騰や賃金上昇によって投資環境が悪化し、途端に、外国系企業の「資本引き上げ」や新規投資の減少などの現象が顕著になってきている。

今しばらく、海外から流れ込む資本や装置を使って、「下流」にも富を流れさせ、格差を是正したいと考えている胡錦濤政権にとって、これは恐怖であろう。

しかも中国政府は、低廉な人件費でローテクなものづくりをする「世界の工場」から脱皮し、産業のハイテク化を目指している。その目論見に協力してほしいと、中国が最も期待を寄せる相手が日本なのである。

つまり、経済関係のために日本が中国に対して発言力がないと思いこむのは間違いだ。

もちろん、相手の足元を見るような真似はすべきではない。しかし、日本国の主権や国民の命にかかわることは当然主張すべきであり、国際社会全体の懸念を主張するのは、アジア唯一の先進国としての日本の責務である。

今日のイギリスにあっても、「偉大な英国人」投票で1位となるという政治家、故・ウィンストン・チャーチルは、チベットが中国の侵攻を受けたとき、見捨てた外国政治家の一人である。そんな彼が、今日の日本のチベットへの対応への皮肉のような言葉を残している。「金を失うことは小さな損失であり、名誉を失うことは大きな損失だ。しかし、勇気を失うことはすべてを失うことである」

日本が、小さな損失を恐れてすべてを失うことにならないよう、それはひとえにわれわれの自覚にかかっている。

日本が中国に対して主張し続けるべき二つの原則

中国がチベットで何をしたのか、その目的は何なのか、を理解したところで、日本が中国に対して何を発言すべきかについて考えてみたい。

日本は現在、中国との間に多くの固有の問題を抱えている。差し迫って解決しなければならないのは、東シナ海の領土とガス田の問題、毒ギョーザ事件である。

私は、これら日中間の諸問題の交渉でも、チベット問題への対応でも、日本のとるべき基本姿勢は同じであるべきだと思っている。日本が中国に対して、一貫して求め続けるべきことは、「情報公開」と「人権重視」ではないだろうか。

情報公開とは、自分たちが流したい情報を流すことではもちろんなく、真実を明らかにするということである。そして真実に忠実に、問題に対処するということである。

「人権」という言葉には、とかくいろいろな解釈がされる。しかし、まずはこの世界のどこであろうとも、最低限、基本的人権が保障される社会の実現に向けて、日本は努力を惜しまない姿勢を示し続けるべきなのである。

そして、相手にこれらを求めていく以上、日本はつねに徹底した情報公開と人権重視の社会づくりに努めなければならない。

中国における情報公開

中国の情報公開について、日本の巷《ちまた》にはおおむね次のような二通りの見方がある。

第一の見方は厳しいものである。中国は共産党による独裁国家である。だから、人権を平気で抑圧し、情報を隠蔽する。根本的な問題解決としては、あの体制が壊滅しなければどうしようもないという意見である。

第二の見方は穏健なものである。中国の情報公開は昔に比べればはるかに進んだ。だからこのまま見守って、さらに開かれるのを待とうという意見である。

二つの見方には、どちらにも正しい部分がある。しかし、どちらかだけに偏って対応を考えるのは正しくないだろう。

第一の見方は、中国とはどういう国かという認識の点では正しい。しかし、それではあの問題ある体制が突如「壊滅」したら、皆がハッピーになるかというとそうではない。

とくに隣国である日本は無傷ではいられないはずだ。進出している日系企業が商売の基盤を失うとか、輸出入がストップするとかいう銭金の問題だけではない。何万という難民が日本に押し寄せる可能性も頭に置かなくてはならない。

そこで第二の見方について考えてみる。

日本政府のとってきた対応は、おおむねこの見方に基づいている。それから、よその国のことに口を出さない、という内政不干渉の原則を守ってきたところもある。

この姿勢が結局、何も生まなかったことは今日明らかだ。日中間の懸案事項にかかわりがあれば、それは「内政」ではないし、日本は外交の基本姿勢として「人権に関する問題は内政干渉の原則を超えるもの」と誓っているのだから、強く情報公開を求めるべきである。

黙って見守るだけでは、何も前進しない。

日本などの外国が、折に触れ、つねに情報公開を迫っていくという姿勢が、中国の民主化のソフトランディングの一助となるはずだ。これが、中国における人権問題を隠蔽し続けられない状況へとつながっていくものと考えられる。

日本にとって中国は、脅威か？

バブル崩壊後、1990年代の日本は「失われた10年」と呼ばれる不況の時を過ごしてきた。その傍らで、目覚しい成長を遂げていたのが中国であった。将来への不安と閉塞感が充満する日本に対して、どんどん自信を深めていく中国。

独裁ゆえに、「利がある」と判断すればその方向へ驀進《ばくしん》できる隣国の姿を、「エネルギッシュ」というイメージだけで伝える報道ばかりが目立った。

こんな論調に惑わされたのか、「このままでは中国に追い越される」とか、「米中二大国時代が到来したら、日本は無視される」との不安を口にする人も少なくなかった。

近年のこういう状況に対して、私はずっと懐疑的であった。

中国をある種の「脅威」ととらえるのは間違いではないが、「何でもできる、怖いものなしの国」と理解するのは間違いである。

最近は、日本のメディアでも報道されているように、今の中国には、経済格差、環境汚染に加えて、国内経済のバブル、未曾有のインフレ、外国の新規投資の中国離れ等々、問題は山積している。胡錦濤主席ら中央のリーダーたちは、毎晩、おちおち眠ってもいられないのではないかと思うほど、一つひとつの問題がきわめて深刻でもある。

そして、これらの問題があることとは別に、そもそも一党独裁というのは、強いように見えて、実はとても弱々しい体制だと理解すべきだろう。たとえていうと、「巨大な鉄製の独楽《こま》」みたいなものなのである。

今の中国とは、10％以上の勢いで経済成長を続けていても、1億人もの余剰労働力がある国なのである。猛スピードで回り続けている間はまだしも、勢いがなくなったら途端にコケる——多くの人が生きていけなくなる——可能性があるということだ。

中国という巨大な独楽のただひとつの支点である共産党とは、13億人の国民のたった6％のみの党員で構成されている。たった6％の中のさらに一握りの幹部だけが国の政策を検討し、決定して実施し、異論は一切許さない。しかしひとたび、ときの最高権力者が「これまでの政策には誤りがあった」と言えば、一気に反対の方向へと急ハンドルが切られ、政策が「修正」される。

急ハンドルのときにこぼれ落ちる人数も半端な数ではない。

中国の「知識人」たちから、

「国民の多くはまだまだ教育も十分でないから、国策を判断する力はない……」

というような話をよく聞くが、本当にそうなのだろうか？

たしかに、途上国が一定のレベルまで成長していく過程において、独裁はスピーディで有利な体制である。驚異的な成長を遂げた日本の戦後の体制も形こそ民主主義だが、中身は自民党の独裁に近いともいえる。

民意を聞くことを旨とする民主主義では、何かにつけて時間がかかり過ぎ、回り道をしているうちに成長が頓挫することもある。

しかし、今の中国が直面している問題の多くは、すでに一定の成長を遂げた国に表われる類《たぐい》の問題である。従来の急な「ハンドル操作」ではしのげそうもない問題ばかりだ。

西欧式の民主主義のシステムでなくてもいい。何らかの方法で、国民の声、良識を現実の政治に反映させることを考えなければ、独楽はたちまちコケてしまう可能性が高い。

中国のような一党独裁体制が弱々しいという根拠は、もうひとつある。

独裁者はつねに、自らの体制維持に汲々としなければならない。民主主義の国にあっても、リーダーが政権維持のため、あるいは個々の政治家が選挙民の支持を得るため、苦労することはある。しかし、まったく次元のちがうものである。

日本では政権交代したところで命まで取られるわけでもなければ、国家自体が崩壊するわけでもない。

しかし、一党独裁の非民主的な国における政権交代は、すなわち国家転覆である。社会の大混乱を伴う可能性もあるが、何より指導者と側近が実際に抹殺される可能性も孕《はら》んでいる。だから、それを避けるために指導者はどんなことでもする。

「国民第一」という観点よりも、「自分第一」になるのは必定だ。

構成員である国民にとってほかに選択肢がないということ、正しい情報が公開されないということは、国家運営のうえで大きなリスクである。

中国は、われわれの国とはまったく違う国だと認識する意味での「中国脅威論」は正しい。しかし、われわれは隣国を冷静に見ることが大切である。「強くなっていく中国」の弱さをじっくりと見極めていくべきなのである。

第三節　ゆめゆめ日本が「東の蔵」にならないように

中国が欲しいものにあふれた宝の島、日本

２００７年７月、米国政府が、中国を知的財産権侵害でＷＴＯ（世界貿易機関）に提訴した。これに対して、中国国家知識産権局の田力普局長は、「米国政府がＷＴＯに中国を提訴したのは分別のある行動ではない。ただちに撤回すべき」と主張。さらに、「中国政府は、知的財産権の保護につねに断固とした立場をとっている。この点においてかなり進捗《しんちょく》を示している」とも述べたという。

この手の問題について、中国政府の言い分はつねに同じパターンである。

「中国は発展途上国である」

「政府は努力している」

「13億もの民がいて教育が十分ではない部分もあるから、ついこうしたことが起こるが、それでも大幅に改善している」

本当にそうだろうか？　思想統制については、あれほど徹底して行なえる共産党政権の「力量」「能力」からすれば、海賊版の取り締まりくらい容易なのではないか、とも思えてしまう。

先の提訴によると、中国で流通する米国製映画や音楽のディスク商品は、9割が不正なコピーで、著作権侵害による損失は年間3600億円と推定される。この提訴には日本、EUも同調した。

日本の損失も甚大だ。ある調査によると、中国に進出している日系企業の6割が何らかの知財権侵害を受けているという。損失総額は10兆円近いとの試算もある。

中国における日本製品の模倣品は、二輪車、自動車部品、電気製品、医薬品、農薬など多岐にわたっており、㈶日中経済協会・知的財産権室の数年前の試算でも、これらによって日本企業が被った損失額は6800億〜8500億円と推定されていた。

製造業の近代化を目指す中国にとって、技術大国日本は宝の山である。多くの特許技術、職人技とリンクした技術力は、日本では中小企業の持つものも多い。とくに環境対策に悩む中国にとって、日本の省エネ技術は、ノドから手が出るほど欲しいものばかりなのだ。

さらに、日本は近年、文化を世界へ輸出する国に変貌している。これまで中国人は日本を、トヨタやパナソニックに代表される製造業の国と見てきた。ところが、今や欧米での日本文化人気は熱狂的だし、中国でも日本のファッションやアニメへの憧れは強い。

中華思想では、アジアで漢民族以外の異民族は独自の文化など持たない野蛮人、と考えられている。そんな思想を少なからず受け継ぐ中国人は、今でも「日本の文化はすべてもともと中国のもので、近年の発展は欧米の技術をまねたもの」と考えている節がある。そういう中国人にとって、日本が世界から「文化大国」と評価されることは衝撃だ。一方で、したたかな中国のビジネスマンは、日本が製造業主体の経済大国を脱皮し、「文化大国」へ変貌する様子に注目している。

日本には、チベットのような自然の資源はないが、日本人がマメな国民性を発揮してコツコツと築き上げてきた技術や文化が、列島にぎっしり詰まっている。

中国の方向から見ると、日本は、間違いなく「東の蔵」なのだろう。

日本の政治力は、日本の国力に相当か？

日本の国際的な存在感は、当の日本人が思っているよりはるかに大きい。ところが、日本政府はその存在感を生かしていない、という指摘を外国人から受けたことがある。

私は、1990年代、日本の会社で、東南アジアの政府系企業や華人系財閥との合弁事業の業務を担当した。2001年以降は、シンガポールやバンコク駐在も経験した。

シンガポールの官僚たちは、自ら「シンガポール株式会社のセールスマン」と言うほどアグレッシブに、他国とのビジネス交渉を進める人々である。

そんな彼らには、日本ほど国力があり、技術があり、金のある国の官僚は、他国相手にもっと有利な交渉が進められるはずだ、と映るらしい。

「日本は、もっと前に国連の常任理事国になっているべきだった。いまだに、中国の顔色ばかり見ているのはおかしいよ」

とよく言われた。私は個人的には、日本が国連の常任理事国になどならなくていい、と思っているので、その部分はどうでもいいのだが、この手の意見は多く、興味深かった。

「日本政府はなぜ、中国にばかり気を遣うのか？」と彼らはよく聞くので、

「それは戦争のときに迷惑をかけた、という引け目があるからだろう」と答えておいた。

すると、ある華人系シンガポール3世は、こう言った。

「日本人に、100年経ってもそう思わせておくことが、メインランド・チャイニーズ・コミュニスト（本土の中国共産党）の戦略だとは思わない？」

もちろん、そう思うが、日本人として「そうだ」とも言いにくい。

「僕らシンガポール人は、当然、中国に祖国意識なんかない。祖国どころか世界一怖い国だと思っている。わが家の歴史をたどると、太平洋戦争中、叔父が一人、日本軍に殺されたけど、別の伯父たちが二人、中国本土で共産党に殺されている」

私が神妙な顔をすると、彼は笑いながら続けた。

「いい？　日本軍に殺された叔父は、国民党とつながっていて武器を持ち込んだから殺された。つまり理由があって罰せられた。でも、中国本土で殺された伯父たちの死に正当な理由はなかったと思う。中国とは、そういう国だよ」

ほかのシンガポール人はこう言った。

「われわれの祖先は、中国で食えないからここへ来た。シンガポールは長い間、英国の植民地で、戦争中は日本軍が来た。でも、すべて過去のことだよ。いちいち歴史を気にして、中国人、日本人、英国人と相対していたら、現代の世界でどうやって生きていくの？」

たしかにそうだ。そして彼らは必ず、こう付け加えた。

「僕らは日本に期待している。アジアのリーダーとして、正しいやり方をきちんと主張してリードすべきだ。そうでなければアジアはめちゃくちゃになる」

その頃、シンガポールでは、中国南部で発生した奇病SARSで死者が出ていた。発生当初、中国政府が情報を隠蔽したせいで、病気が世界にばら撒《ま》かれたときのことであった。

意外に、隣国と上手に距離を置く日本の若者たち

日本の大人が言うべきことを言えないのとはちがって、現代の日本の若者は意外にも、この手の問題について明確に自己主張できることが、チベットをめぐる日本での騒動でわかった。

「フリー・チベット」のデモに参加した若者の中には、「流行に乗った」者もいるだろうし、以前から、右翼かぶれで中国嫌いだった者もかなりいるだろう。しかし、この機会にチベット問題に興味を持ち、純粋にチベットを思ってデモに加わった若者もいる。

私は、この件について周囲の若者と話をしたが、おおむね次のような意見であった。

「中国がチベットにしていることは〝いじめ〟だ。だから、チベット人の味方をしたい」

「誰かが誰かをいじめているのを黙って見ているのは、加担しているのと同じ。でも、自分はデモに行く勇気はない。それでも心の中ではチベットの人たちに同情している」

「日本は自由の国。中国に住むチベット人にも自由があればいいと思う」

「中国人は、日本に来てもルールを守らず傲慢だ。もともと好きではない」

中には、「チベット問題？　全然わかんない」という子もいたが、むしろ大人よりも理解していて驚いた。戦争世代から数えて4世代目にはなるであろう、今の若者は、「日本の贖罪」という意識に変に縛られず、必要とあらば、それなりの意思表示はできるようである。

日本の最近の若者の言動には、ほかにも感心させられたところがある。

数年前、中国で若者による「反日デモ」の嵐が吹き荒れた。しかし、日本でこれに「応戦」する若者のデモは起きなかった。ある大学生が私に言った。

「あの人たち、ただ暴れたいだけじゃないですか？　日本のこと、本当は知らないでしょ」

的を射た意見である。こう考えたから、日本の若者は相手にしなかったというわけだ。

2007年、女子サッカーの大会が中国で行なわれ、今では恒例（？）となった中国の観衆の下品なブーイングと野次が日本チームを見舞った。にもかかわらず、日本の女子選手たちは、大会の終わりに、「謝謝（ありがとう）CHINA」と書かれた横断幕を掲げ、一礼してグラウンドを去った。

これは、中国メディアでも大きく取り上げられたが、日本では今でもスポーツの世界にその手の伝統が生きている。

「礼に始まり礼に終わる」とは、日本の武道の伝統だ。しかし、ほかのスポーツでも、日本人は勝ち負け以外の礼儀にうるさい。どんなに強くても礼儀のなっていない人間はまったく尊敬されない。

失われたと嘆かれることの多い、日本人のよき精神は、今の「ゆとり教育」世代の若者の中にもそれなりに生きている。そのうえで彼らは萎縮などせず、自分のもてる力を国際舞台で発揮している。

今の日本の若者の行動に、われわれ大人は学ぶべきところがある。何しろ彼らは、中国との間に、それなりの距離を置いているのだから。

実態を知りもしないで、中国の革命思想にかぶれ、青春を見失ったわれわれ団塊の世代。「子々孫々までの友好」などと言い、贖罪意識ばかりを優先させた戦争世代の政治家。いずれも、中国という国に「他人ではない」感情を持ち過ぎているのだろう。

私は自分の役割をあらためて考えてみた。では、私は若者たちに何を伝えるべきなのか？

弱いものいじめを黙って見ていられないという気持ちはひじょうに尊い。その気持ちを持ち続け、かつ、冷静に多角的に目を配り、損得だけではなく、人道的に正しいかどうかをも考慮し、賢明な道を選択できる人間になってほしい。

そのためには、むしろ、なぜ中国がチベットを占領し、抑圧を続けてきたのか、を冷静に分析し説明する必要があると感じている。中国側にも言い分はある。それも彼らにわからせるくらい、冷静にチベット問題を見つめ、考えることをすすめたい。

チベット問題と韓国の若者

日本の若者の話を書いていて、思い出したことがある。

ダラムサラで出会った韓国人大学生グループのことである。私は滞在中、ダラムサラで唯一、まともなエスプレッソが飲めるカフェに朝な夕な入り浸っていた。客の大半はいい年の欧米人だったが、ある日、私の隣のテーブルに若い韓国人のグループが座ったので、話しかけてみた。女子大生二人に、男子大学生一人である。

「私たちは、TCV（チベット子供村）の子どもたちのダンスフェスティバル開催を応援するボランティアで来ています。私たち三人、この活動に参加して知り合ったの」

皆、個人ボランティア活動に応募し、ダラムサラまでやって来たという。流暢《りゅうちょう》ではなかったが、皆英語を話す。なぜ、このボランティアに興味を持ったのか？　と聞くと、一番年上の女子大生が答えた。

「私は、ここの難民にとても同情しています。私たちが生まれる前、韓国も日本の植民地支配を受けた時代があって……」

と言い出したところで、私が、小声で「Woops（おぉっと）！」と言うと、

「あ、ごめんなさい。あなたにいやな思いをさせるつもりで言ったわけではないんです」

と謝られてしまった。心根のやさしい、純粋な若者だった。

三人は、出身地も今通っている学校も違うが、ボランティア参加の動機は似ている。隣国に軍事占領され、民族の文化を奪われ、国を失った人々の役に立ちたいのだという。

彼らは、こうも言った。

「先ほどは過去のことを言いましたが、私たちは今の日本が好きですよ。日本人の友人もいます」

韓国は受験戦争の激しい国だ。しかし、現代の韓国では、大卒者となっても8割以上が正規雇用されないという厳しい現実がある。ボランティア活動は、就職に有利になるのか、と聞くと、「そんなに計算高くはないですよ。日本ではそうなんですか？」と笑われた。

アジアで、日本と同じように自由を謳歌できる国は意外なほど少ない。日本の若者より、やや、社会貢献の意欲と行動力に勝る韓国の大学生たち。同じ自由の国の若者として、日韓

の若者は、われわれの頃よりずっと自由に交流し、どんな未来を築くのだろうか。もしかしたら、チベット問題について日韓の若者が自由に議論し、解決のために何ができるかと、知恵を出し合うこともあり得るかもしれない。

第四節　大きな転換期に立った日中関係

四川大地震での日本の救援活動への反応

四川大地震でいち早く救援隊を送った日本に対して、中国人民の感情が変化した、と日本のメディアが報じた。

地震発生後1週間が経った5月19日から数日間、インターネット上で行なったアンケートでは、次のような結果が出たそうだ。

このアンケートには、約1万4000人が参加。うち59・4％に当たる人が、「日本が身近になった」と回答し、対して、40・5％に当たる人が、「日本に対する見方は変わらない」と回答した。

コメント欄には3000もの書き込みがあり、内容は半々だったという。

「今回の救援活動によって日本に対する見方が変わった」と感謝のコメントも多かったが、およそ半数は依然として「たった1回の救援活動で、積年の恨みが消えるわけがない」と歴史問題を取り上げていた。

これは当たり前の結果である。もしも、「それでも日本を恨む」というようなコメントが皆無だったら、そのほうが不気味で、到底信用できるものではない。

私はむしろ、日本のテレビの有名キャスターらが、

「中国の人々にわかっていただけるような活動ができるといいですね」

などとコメントしていることのほうが気がかりだった。

災害の現場で人の命を救うのは「待ったなし」の人道活動である。結果として、中国の人々が評価するかもしれないが、「自分の善行がわかっていただける（評価される）ように」などと思ってやることではない。それから、どんなに日本の救援隊が尽力しようとも、中国の人々の日本に対する悪感情がゼロに消滅することは断じてない。

なぜなら、彼らは子どもの頃から、徹底してそう教育されているからである。そして中華思想からすれば、異民族の住む朝鮮半島の、さらに先の海の向こうにある「序列末席」の日本が、近代以来ずっと国力で中国より優っていることは受け入れがたいことなのだ。

数カ月前、米国国防総省の高官が中国訪問の折のエピソードを明らかにした。人民解放軍の高官から、「中国が空母を保有したあかつきには、太平洋を米中で分割しよう。ハワイか

ら西をアメリカが、東を中国が支配してはどうか」と真顔で持ちかけられたそうだ。

実現性をどう考えるかは別にして、おそらくこの手の考えは中国の念願だろう。覇権主義的な感情は、中国人個々人というより、彼らの血の中にあるものなのである。

そんな中国で、それでも多くの人々が日本への謝意を述べているのは画期的なことだ。被災地で実際の活動を目の当たりにした人の謝意は本音かもしれないが、ネット上で論客を気取る人々の気持ちはちがうだろう。

中国のインターネットは、5万人ともいわれるサイバーポリスによって監視されている。当局批判の書き込みはすみやかに削除され、禁止ワードを打ち込むと検索や送信が不可能となる。書き込み者が逮捕されて厳罰を受けることも珍しくはない。

だから、中国の「ネット論客」の中から取ってつけたような「日本に感謝」コメントが湧いて出てきたとしたら、大半は、当局の空気を読んだお追従《ついしょう》と思ったほうがいい。

今、中国政府は盛んに「日本に学べ」とか、「日本は悪者ではない」というキャンペーンを展開中だ。そこには何らかの損得勘定が働いている、と中国人民はしっかり読んでいる。そして人民もまた、その波にしたたかに乗ろうとするのが中国の伝統である。

中国での世論とは、日本のそれのように付和雷同するのではない。波を読み間違えず正しいほうに乗らなければ抹殺される恐れもある。中国での世論の動きとは、生死にかかわることなのだ。

四川大地震でチベット問題はどこへ行った？

四川大地震に関連して、日本のメディアが報じきれていない、たいへん気になることがある。震源地付近はもともとチベット人の居住地である。地震の前日にもデモが起きていて、多くの人が拘束されていたという。

デモを行なったことで拘束されたチベット人は、どこに収監されているのだろう。一説では都江堰《とこうえん》にある監獄に、かなり多くの人が収容されたと伝えられているが、その人々は被災してはいないのだろうか。僧院はどうなっているのだろう？

被災現場での救助作業において、漢民族の集落を優先する、というような差別はないのだろうか？　被災地のチベット人はどうしているのだろうか。大地震があったからといって、チベットの問題を忘れてしまってはいけない。

チベット問題は、まさに今回の被災地での問題でもあるのだから。

今回の震災後、人民解放軍は、震源に近い山岳地帯に「核関連施設がある」ことを間接的に認めた。それが四川省の北部にあることは確からしい。

　この情報は、従来チベット亡命政府やウイグルの亡命者が主張してきたことと符合するところも多い。

　中国は、東チベットの環境を破壊し、核兵器を持ち込み、核廃棄物を遺棄しているという主張。ウイグル人の土地で繰り返し、核実験を行なったという主張だ。この手の情報に関連することを一切見せないよう、震災で外国の救援隊が奥深く入っていくのを押し留めたという見方もある。その可能性もたしかにある。

　震災直後の混乱が少し収まるときが来たら、やはり日本政府は中国にいっそうの情報開示を求めるべきだろう。この地域での復興活動の支援を通して、地域事情に関する、より詳しい情報開示を求めることも一案だろう。

中国の環境問題解決に、日本はどうかかわるべきか？

　ヨーロッパが、チベット問題に関して中国に厳しい非難を浴びせている背景には、これまた経済事情が影響しているとの見方もある。

　２００７年、ＥＵは記録的な対中貿易赤字を記録し、その解消について中国側に厳しく詰め寄った。日米と同じ、知的財産権侵害による問題もある。さらに、南ヨーロッパを中心とした伝統産業だった繊維業などが、ヨーロッパメーカーの契約工場の中国への移転、安い中国製品の流入によって打撃を受けている。多くの人が、「メイド・イン・チャイナ」のせいで仕事を失ったのだ。

次元のちがう問題としては、ミラノで問題になったような、中国系移民と住民との軋轢《あつれき》の増加という問題もある。だからこそ、ヨーロッパの世論も中国に厳しいのである。

こうした対中強硬姿勢を示しながら、一方でヨーロッパ各国は、したたかに、中国での環境利権を狙っている。欧米各国はこれまでも、表向きは笑顔でセールスを行ない、一方では中国の弱みをじわじわ攻めるという巧みな「和戦両用」で利権をものにしてきた。日本の徹底した土下座外交とは根本的にやり方が異なっている。

環境問題への取り組みに関しては、各国が積極的であると同時に、慎重なところもある。なぜなら、一般に先進国企業は中国において、模倣品等の知的財産権侵害のために、年間売上の20~25%を失っているとの調査結果もあるからだ。

最先端技術である環境技術を、安易に中国に移転すればたちまち盗まれるリスクがある。だから、環境技術での進出に関しては、各国とも企業が個々に出て行くのではなく、国がきちんと関与して知的財産権侵害のリスクを食い止める覚悟でいる。

日本は、このバトルを勝ち抜けるのだろうか？

日本の省エネ、環境関連の技術は、現状では世界の中で一歩リードしているといわれている。中国政府も熱い視線を注いでいる。それだけではない。中国政府は、超特急鉄道建設に際して、新幹線の技術をもつ日本ではなく、ドイツと組んだ。

日本では、「最も高い技術をもつ日本が、靖国問題で外された」との報道がされたが、これには中国サイドで、「やはり日本と組んだほうがよかったのでは」との声があったという。技術的な優劣というより、ドイツ側のビジネス姿勢に辟易《へきえき》した向きもあるとか。やっぱり日本は御しやすい、というわけか。

こういう事情があっての、最近の「友好ムード」づくりであろう。

私は、この環境問題での進出を、あまり欲張り過ぎないほうがいいと感じている。中国の環境汚染の度合いは、何しろすさまじい。日本だけですべてを救えるわけではない。先端技術の知的財産権侵害にも十分な注意が必要だ。

ムードに踊らされることなく、ビジネスとして勝算のあるところだけをきちんと取っていけばいい。日本のすぐれた環境技術を待ち望んでいる国はほかにもたくさんあるのだ。

近場の中国からの「呼び込み作戦」に目を奪われ、心を奪われるのは感心しない。インドでも、アフリカ諸国でも、環境汚染が深刻であることを、日本は忘れるべきではない。

結びにかえて

21世紀を生きるわれわれにとって、理想的な国家とはどういうものだろうか？

かつて「国が自分に何をしてくれるかではなく、自分が国に対して何ができるか、を考えよう」と言った指導者がいる。正論と感じる部分もないではないが、指導者がそれを言っては元も子もない。

大国とか強国という言葉に胡散《うさん》臭いものを感じながら、われわれはつい、「やっぱり、力がなけりゃ話にならないか」などとも思ってしまう。

こういうことを考えるとき、私は決まって、アメリカ南部のニューオリンズでのハリケーン「カトリーナ」被災の風景を思い出すのである。「超大国」の名をほしいままにし、「世界の警察官」として自国の軍隊を世界に駐留させ、他国の問題にも介入してきたアメリカ。そのアメリカが自国の自然災害への対応さえもろくにできない、という現実をさらけ出したあのときの光景だ。

もちろん国家とは、黙っていれば国民を幸せにしてくれる機関などではない。それでも、不測の事態に陥ったとき、国民の基本的な生活を支えるのは国家の役割である。

そうであるべき国家が、国民の基本的な人権さえも抑圧しているとしたら、それは問題を抱えた社会であり、断じて「大国」などと呼ばれる資格はない。

国を失うと人はどうなるか？

亡命チベット人が、日本で暮らすことになった場合、外国人登録証の「国籍」の欄には、「無」と記される。無国籍者である。ほかに無国籍の人々というと、北朝鮮からの脱北者の人々も無国籍になるという。

仕事や学業で日本に住む外国人は、移住する市区町村で「外国人登録」の手続きをし、外国人登録証の交付を受ける必要がある。これは日本特有の手続き制度で、日本滞在中の身分証明となり、これによって健康保険などにも加入できる。

ところが、亡命チベット人がこの手続きのために役所の窓口に出かけ、「チベット人です」と言うと途端に、手続きが滞るケースも少なくないという、しかも、待たされたうえ、「チベットでしたら中国籍ですよね？　(中国)旅券持って来てください」

と言われ、困ってしまうことも珍しくはないそうだ。

なぜなら、今の世界にチベットという国はなく、チベットという場所は中国という国家の中にあるから、なのである。

世界中で、祖国、国家、国籍ということについて、最も無頓着、あるいは無神経でいられるのが日本人かもしれない。われわれにとって「祖国」は、水や安全以上に当たり前に、タダで自分たちの手にあるものだからである。

日本国籍を持っていれば、容易にパスポートを取得でき、相当多くの国へビザもなく自由に旅することができる。そんなわれわれは、つい、「国は何もしてくれない」などと言いがちだ。亡命チベット人が、半世紀もの長い間、「無国籍」で生きてきた境遇を考えるとき、遅ればせながら、祖国があることへ感謝の念が湧いてくる。

日本は、先進国の中では、最も亡命者を受け入れない国である。これには背景や理由がさまざまあるが、せめて他国へ亡命した人が、何かの縁で日本に暮らすことになった場合、もう少し理解ある姿勢での対応ができないものだろうか。

これは政府や役所の問題ではない。われわれ日本国民に突きつけられた問題なのである。

「外国人」と一言でくくられる人々の中にはさまざまな事情を背負った人がいる。

地図上にあるどこかの「国」に所属していれば、とりあえず問題ない人物と判断され、例外的に所属する国がない人々の事情は斟酌《しんしゃく》されない。わが国をそんな国のままにしておいていいのだろうか。

国を失ったチベット、「国づくり」に腐心する中国

チベットと中国は、何から何までが対照的である。

亡命したチベット人には国がない。しかし、世界中に散らばった亡命チベット人たちは、インターネットや携帯電話といった現代の利器の力も借りながら、ほかのどんな国民よりも密接で強固で濃密な連帯を見せている。

チベット人としてのアイデンティティも明確だ。

さらに、国を失うという、チベット人にとっては耐え難い艱難辛苦《かんなんしんく》と引き換えに、チベットの文化は世界が認めるものへと昇華した。閉ざされた国チベットの活仏であったはずのダライ・ラマ14世は、今では世界の人々の心のカリスマとなっている。

国土も武力も財力もないチベットに、世界中の人々から熱い支持が集まっている。

一方、中国には、世界最大級の広大な国土がある。13億人の莫大な人口がいる。経済発展

を続ける中で、金と武力を蓄え続けている。経済的な影響力という意味では、世界から一目置かれる存在となっている。

世界中から、この国の「利」に注目してやって来る人や企業は後を絶たない。ところが、反面、世界中から「中国脅威論」なる声が上がっている。膨張し続ける中国への警戒感だけではなく、人権抑圧の実態や「植民地主義」との批判まで受ける外交姿勢にも厳しい目が注がれている。

平たくいうと、現在の中国という国はあまり尊敬はされていない。怖がられることや金の威力に圧倒されることはあっても、である。

これは中国にとって、ひじょうに残念な一面である。

チベット問題の今後を予測する

私の個人的な願いとしては、一刻も早く、チベットの人たちに祖国が戻ることを望む。ただし、この場合の祖国とは、必ずしもチベットという「独立国家」でなくてもいい。どこかの国家の枠組みの中であっても、チベット人が自由に、チベット人らしく生きられる、当たり前の国ということである。

そのためには、中国政府に、従来どおりの「少数民族政策」からの、勇気ある転換、あるいは脱皮を図る努力を希望したい。このことは、中国自体の生き残りのための策でもあると心から思うからである。

中国の少数民族政策の限界を指摘する声は、日本のメディアでも大きくなってきた。たとえばある新聞は「少数民族優遇政策」が、かえって多数民族である漢民族の若者らの反発を招いているという話をとりあげていた。

多数、少数いずれの民族に対しても、中国政府が求めるものが「共産党への忠誠」でしかないことを「政策的限界」と結論付けて締めくくっている。この結論は、正しいことではあるが、チベット問題のそもそもの前提と核心を見失わせている感がぬぐえない。

大学進学を目指すようなごくごく一握りの少数民族の子どもたちを、中国政府がどれほど「立派に」教育しているか、その子どもたちにどんなインセンティブを与えているか。は、重要な問題ではないのだ。

ましてや、その優遇を漢民族の子どもがどう妬《ねた》んでいるか、などということは世界中が大騒ぎするような問題ではない。

基本的人権の中でも最低のレベルの権利さえ、保障されない人が多くいることが問題なのだ。最低限の教育を受けることさえできない子どもたちや、民族としての伝統、心の自由も、人間としての尊厳も奪われている人々のことを解決することが最優先である。

さて、チベット問題と自国の多くの問題を解決するために、今後、中国がどうしても避けて通れないのは、民主化である。民主化されることによってのみ、真の意味での批判が生まれ、権力は情報公開を迫られることになるからだ。

独裁という体制には異常とも思えるほどの腐敗がはびこる。これは必定である。「腐敗に厳しく対峙する中央政府」の姿をアピールするために、時折、大きなトカゲの尻尾を切ったところで、基本的な構図が変わらなければ、問題は根治しない。そんなことは百も承知で、しかし権力は手放せないというのが中国政府のホンネである。

たしかに、民主主義は万能ではない。

国がある程度までの発展を遂げるには、号令一下、決まった方向へ走る体制が機能的ではある。しかも、中国のように「大き過ぎる国」の場合、国民一人ひとりの自由な意思など尊重していたら、たちまち収拾不能な状態に陥るだろう、とは多くの中国人からよく聞かれる弁である。たしかにこの言い分も一面の真理を突いてはいる。しかし、やはり進化を拒む言い訳でしかない。

中国はかつて、「社会主義市場経済（政治的な自由は限定的なままで、経済だけは自由な市場主義）」という、理論上は成り立ち得ない改革を宣言し、経済発展を遂げてきた。

この荒業《あらわざ》に比べれば、「共産主義のまま、完全な信教の自由を認める」という政策転換も十分可能ではないかとも思えてくる。

中国が真の大国へと飛躍するには、そろそろ、より弾力ある社会、選択肢のある社会を目指すことが必要となってきているのだ。

チベット問題解決のために日本人は何ができるか？

われわれは自分たちの政府を選ぶ権利を持っている。身近な政治家も選ぶ権利を持っている。メディアをも選択する権利を持ち、情報も選択できる。

だから、鍵を握っているのはわれわれ自身だということだ。政府が言わず、メディアが言わなければ、われわれ一人ひとりが声を上げ続けることが大切である。隣国での人権抑圧という問題には、お隣の子どもの虐待を黙って見過ごさない、というような気持ちで関心を持ち続け、声を上げることが必要なのである。

それが世論であり、健全な世論がよりよい政府を作っていくのである。民主主義の開かれた国であり、世界屈指の経済力をもつ日本は、間違いなく大国である。しかし、いわゆる「大国」ぶった振る舞いをする必要はない。

大き過ぎる国とは、ときに熱狂しやすく、激しく振れやすく、ときに足元が危ういものだということをわれわれは知っている。日本は、世界で最も調和の取れた「アジアの良識」として、世界の動静を静かに見つめ、ときに厳しく行動すべきだろう。

聖火リレーの混乱が続く中で、その会場となっていた長野の善光寺が「辞退」を表明した。「同じ仏教徒としてのチベット問題への憂慮」を表明しての辞退であった。

この表明は、静かながら、決然としたメッセージを中国へ送ることとなり、われわれ日本国民の心のうちを代弁してくれることとともなった。

アメリカは、政府は激しい批判を避けたものの、議会は激しい批判を行なった。さらには、アメリカ政府の資金提供によって運営されているNGOを中心に、チベット問題についての独自の情報収集活動を行なっている。

フランスもまた、政府の批判のトーンは比較的穏やかだったのに反して、「国境なき記者団」というNGOの激しい抗議が世界中を刺激した。

これらの事柄から見えてくることは、国同士の利害がぶつかり合う国際社会においては、多元対応も必要だということである。

もちろん、日本での善光寺の対応は、政府主導の二元対応などではない。しかし、政府の公式な対応とは異なる「民意」がときに、健全なメッセージを世界へ発信することもあるということをわれわれに教えてくれた。そして、そんな多元対応が可能であることが、自由の国の特権でもある。

今、中国は、大きな震災に見舞われている。このような事情で中断しているのは仕方がないところだが、震災の前、世界の非難に応えざるを得なくなって、中国政府がチベット側との協議のテーブルに着いたことを、私たちは忘れてはならない。

ダライ・ラマ14世とチベット亡命政府も、震災後の今は、デモなどの活動を止めるよう世界中のチベット人、支援者に呼びかけている。中国の被災者のために法要を行ない、募金までしている。しかし、震災の復興が軌道に乗ったときには、必ずまたチベット側との協議が再開されるよう、われわれは注意を向け続けよう。そして今度こそ、実りある話し合いとなるように、中国に対して、「圧力」をかけることが必要である。

自由な国に生まれ、住んでいることにたまには感謝しつつ、自由を得られないでいるチベットの人々のことを心配し続けようではないか。できる方法での支援、声援を送っていこうではないか。私たちには間違いなく、その責任があるのだから。

「チベット問題」関連年表

一九四九　中華人民共和国成立
チベットの東国境に軍隊を集結させる
一九五〇　デリーで、チベット政府代表が中国大使と会談
①チベットが中国の一部だと承認する
②中国が、チベットの国防を担当する
という2条件を中国側が提示、チベットは拒否
朝鮮戦争始まる
中国人民解放軍が東チベットに侵入
チベットの摂政タクタは、全権をダライ・ラマ14世に譲る
ダライ・ラマ14世は、亜東に移る
チベットは、国連に「危機」を訴える
一九五一　チベット平和解放のための17カ条協定調印

ダライ・ラマ14世ラサに戻る
人民解放軍ラサに進駐
一九五二　ダライ・ラマ14世が特別改革委員会を設置
一九五三　朝鮮戦争停戦
一九五四　成都―ラサを結ぶ自動車道路開通
一九五六　チベット自治区準備委員会設立
ダライ・ラマ14世、パンチェン・ラマ10世、釈尊生誕祭出席のためインドへ
一九五八　東チベットで反中国ゲリラ活動広がる
一九五九　ダライ・ラマ14世インドへ亡命
一九六〇　ベトナム戦争勃発
一九六一　チベットで農地再分配行なわれる
第16回国連総会で「チベット問題に関する決議案」が可決される
一九六二　パンチェン・ラマ10世、中国のチベット支配批判「7万言の意見書」を提出
一九六五　チベット自治区成立
一九七二　米・ニクソン大統領、中国を訪問し、毛沢東と会談

日本が中国と国交正常化

一九七四　アメリカＣＩＡのチベット抵抗運動の支援プログラム打ち切られる
チベットでのゲリラ戦停止

一九八七　カーター前大統領がチベット訪問、パンチェン・ラマ10世と会談
西ドイツのコール首相が外国元首として初のチベット訪問
ダライ・ラマ14世が訪米。下院小委員会で「5項目チベット和平案」提案
西ドイツ議会と欧州議会が「チベット問題に関する緊急動議」可決
アメリカ上下院「中国によるチベットでの人権侵害に関する法案」採択

一九八八　ダライ・ラマ14世「中道のアプローチ」案を発表

一九八九　パンチェン・ラマ10世死去
ラサで大規模なデモが発生。中国政府は武力で弾圧
天安門事件
ダライ・ラマ14世ノーベル平和賞受賞

一九九六　パンチェン・ラマ11世にまつわる事件

一九九七　香港が中国へ返還される

一九九九　マカオが中国へ返還される
二〇〇七　ダライ・ラマ14世米国議会からゴールドメダルを授与される
二〇〇八　ラサでのデモを武力鎮圧し、世界が中国の対応を非難

★読者のみなさまにお願い

この本をお読みになって、どんな感想をお持ちでしょうか。次ページの「100字書評」（原稿用紙）にご記入のうえ、ページを切りとり、左記編集部までお送りいただけたらありがたく存じます。今後の企画の参考にさせていただきます。また、電子メールでも結構です。

お寄せいただいた「100字書評」は、ご了解のうえ新聞・雑誌などを通じて紹介させていただくこともあります。採用の場合は、特製図書カードを差しあげます。

なお、ご記入のお名前、ご住所、ご連絡先等は、書評紹介の事前了解、謝礼のお届け以外の目的で利用することはありません。また、それらの情報を六カ月を超えて保管することもありません。

〒一〇一―八七〇一　東京都千代田区神田神保町三―六―五　九段尚学ビル
祥伝社　書籍出版部　祥伝社新書編集部
電話〇三（三二六五）二三一〇　E-Mail : shinsho@shodensha.co.jp

キリトリ線

★本書の購入動機（新聞名か雑誌名、あるいは○をつけてください）

＿＿＿新聞の広告を見て	＿＿＿誌の広告を見て	＿＿＿新聞の書評を見て	＿＿＿誌の書評を見て	書店で見かけて	知人のすすめで

★100字書評……「チベット問題」を読み解く

名前

住所

年齢

職業

大井　功　おおい・いさお

1948年、長野県生まれ。慶応義塾大学法学部政治学科卒業後、ビジネスマンとして、アメリカ、シンガポール、タイに駐在しアジア各地での業務、会社経営を経験。90年代には、東南アジアの政府系企業、華僑系財閥企業とのジョイントベンチャーによるリゾート開発等を担当し、官民にわたる人脈を築く。現在は、実務者の体験を生かした視点から、現代のアジア情勢を分析した講義、研究を行なっている。現在は松蔭大学教授。

「チベット問題《もんだい》」を読《よ》み解《と》く

大井《おおい》　功《いさお》

2008年7月5日　初版第1刷発行

発行者……………深澤健一
発行所……………祥伝社しょうでんしゃ
〒101-8701　東京都千代田区神田神保町3-6-5
電話　03(3265)2081(販売部)
電話　03(3265)2310(編集部)
電話　03(3265)3622(業務部)
ホームページ　http://www.shodensha.co.jp/

装丁者……………盛川和洋
印刷所……………堀内印刷所
製本所……………ナショナル製本

造本には十分注意しておりますが、万一、落丁、乱丁などの不良品がありましたら、「業務部」あてにお送りください。送料小社負担にてお取り替えいたします。

Printed in Japan　ISBN978-4-396-11119-9　C0231

〈祥伝社新書〉好評既刊

001 抗癌剤 知らずに亡くなる年間30万人 平岩正樹

002 模倣される日本 映画、アニメから料理、ファッションまで 浜野保樹

008 サバイバルとしての金融 株価とは何か・企業買収は悪いことか 岩崎日出俊

010 水族館の通《つう》になる 年間3千万人を魅了する楽園の謎 中村 元

024 仏像はここを見る 鑑賞なるほど基礎知識 瓜生《うりゅう》 中《なか》

035 神さまと神社 日本人なら知っておきたい八百万《やおよろず》の世界 井上宏生

042 高校生が感動した「論語」 佐久 協《やすし》

043 日本の名列車 竹島紀元《としもと》

044 組織行動の「まずい!!」学 どうして失敗が繰り返されるのか 樋口晴彦

052 人は「感情」から老化する 前頭葉の若さを保つ習慣術 和田秀樹

062 ダ・ヴィンチの謎 ニュートンの奇跡 「神の原理」はいかに解明されてきたか 三田誠広

063 図解 1万円の世界地図 日本の格差、世界の格差 佐藤 拓

066 世界金融経済の「支配者」 その七つの謎 東谷 暁《さとし》

074 間《ま》の取れる人 間抜けな人 人づき合いが楽になる 森田雄三

076 早朝坐禅 凛《りん》とした生活のすすめ 山折哲雄

081 手塚治虫「戦争漫画」傑作選

082 頭がいい上司の話し方 樋口裕一

086 雨宮処凛《かりん》の「オールニートニッポン」

087 手塚治虫「戦争漫画」傑作選II

090 父から子へ伝える名ロック100 立川直樹

093 手塚治虫傑作選「瀕死《ひんし》の地球を救え」

094 朗読してみたい中国古典の名文 渡辺精一

095 デッドライン仕事術 すべての仕事に「締切日」を入れよ 吉越《よしこし》浩一郎

096 日本一愉快な国語授業 佐久 協《やすし》

098 滝田ゆう傑作選「もう一度、昭和」

099 御社の「売り」を小学5年生に15秒で説明できますか? 松本賢一

100 仕事が活《い》きる 男の風水 金寄《かなより》靖水《せいすい》

101 戦国武将の「政治力」 瀧澤 中《あたる》

102 800字を書く力 小論文もエッセイもこれが基本! 鈴木信一

103 精神科医は信用できるか 「心のかかりつけ医」の見つけ方 和田秀樹

104 宮大工の人育て 木も人も「癖」があるから面白い 菊池恭二

105 人の印象は3メートルと30秒で決まる 自己演出で作るパーソナルブランド 江木園貴《そのき》

106 メジャーの投球術 日本野球は、もう超えたか 丹羽政善

107 プロフェッショナル 仁志敏久

108 手塚治虫傑作選「家族」

109 「健康食」はウソだらけ 三好基晴

110 「お笑いタレント化」社会 山中伊知郎

111 超訳『資本論』 的場昭弘

112 登ってわかる富士山の魅力 伊藤フミヒロ

113 これが中国人だ! 日本人が勘違いしている「中国人の思想」 佐久 協《やすし》

114 強運になる4つの方程式 もうダメだ、をいかに乗り切るか 渡邉美樹

以下、続刊